数字经济背景下居民消费与全国统一大市场建设研究

全 颖 郑 策 陈海涛 著

 吉林大学出版社

·长 春·

图书在版编目(CIP)数据

数字经济背景下居民消费与全国统一大市场建设研究/
全颖，郑策，陈海涛著. —长春：吉林大学出版社，
2023.9

ISBN 978-7-5768-2370-7

Ⅰ.①数… Ⅱ.①全… ②郑… ③陈… Ⅲ.①数字技
术－作用－居民消费－研究－吉林②数字技术－作用－统
一市场－研究－吉林 Ⅳ.①F126.1－39②F723－39

中国国家版本馆 CIP 数据核字(2023)第 199946 号

书　　　名：数字经济背景下居民消费与全国统一大市场建设研究
SHUZI JINGJI BEIJING XIA JUMIN XIAOFEI YU QUANGUO TONGYI DASHICHAN JIANSHE YANJIU

作　　　者：全　颖　郑　策　陈海涛
策划编辑：黄国彬
责任编辑：杨　平
责任校对：马宁徽
装帧设计：姜　文
出版发行：吉林大学出版社
社　　　址：长春市人民大街 4059 号
邮政编码：130021
发行电话：0431－89580028/29/21
网　　　址：http://www.jlup.com.cn
电子邮箱：jldxcbs@sina.com
印　　　刷：天津鑫恒彩印刷有限公司
开　　　本：787mm×1092mm　　1/16
印　　　张：9.25
字　　　数：170 千字
版　　　次：2024 年 3 月　第 1 版
印　　　次：2024 年 3 月　第 1 次
书　　　号：ISBN 978-7-5768-2370-7
定　　　价：58.00 元

本研究得到国家自然科学基金重大项目"创新驱动创业的重大理论与实践问题研究"（基金号：72091310）课题一"数字经济下的创新驱动创业的基础理论"（基金号：72091315）的资助

教育部人文社会科学研究项目"基于共生系数的创业生态系统共生演化研究"（项目编号：20YJA630003）

前　言

在经济新常态背景下，中国经济持续平稳发展，大数据支撑在优化公共服务体系与政府的治理能力上发挥了积极作用。发展数字经济，挖掘数据价值化未来发展趋势对于推动经济社会发展有着重要作用。全国各地陆续出台相关政策文件，不断破除数据壁垒，推动智能产业发展，鼓励改革创新，激励大数据与人工智能发展。

数字经济借助数字技术，为广大城乡居民提供便捷的服务，不仅降低了支付和转账成本，也加速了资金流转，激活了居民真实交易与消费增长，有效推动了居民消费观念和消费习惯的转变，成为拉动内需的新引擎。在新冠疫情期间，数字经济的"无接触支付"表现得格外亮眼，不仅便利了居民消费，也为疫情防控做出了巨大贡献。数字金融通过便利居民支付、缓解流动性约束、减少预防性储蓄、减少损失厌恶等机制促进居民消费行为逐步发生变化，居民的消费结构得到优化，居民的感性消费规模也逐步扩大。数字经济背景下，构建统一大市场势在必行，但是在具体实践过程中，全国统一大市场的建设之路并非坦途，存在诸多突出问题。因此，在数字经济发展背景下，深入分析数字经济、异质性消费与全国统一大市场建设的发展情况，分析其中存在的问题，对提振居民消费，促进全国统一大市场建设，为我国经济社会高质量发展提供相关借鉴依据，具有十分重要的现实意义。

本书在研究及撰写过程中，借鉴和参考了传统消费理论、全国统一大市场相关理论及国内外专家学者的最新研究成果，系统梳理了我国数字经济发展的内涵、特点及存在的问题。分析了2012—2021年间，我国居民消费状况及吉林省居民消费状况，揭示了数字金融背景下吉林省居民消费潜力的变化趋势，也梳理了全国统一大市场的内涵，提出了推进全国统一大市场建设的对策建议。由于作者水平有限，不妥之处在所难免，恳请广大读者在阅读中多提宝贵意见，以促进本书的修改和完善。

作者

2023 年 9 月

目　录

第一章 数字经济发展
与相关理论概述

数字经济作为信息社会的主要内容和重要引擎，对保持经济转型发展发挥着重要作用。本章主要分析数字经济的内涵与发展情况，梳理居民消费理论，分析消费者异质性，梳理全国统一大市场的相关理论等。

一、数字经济发展概述

（一）数字经济的内涵

2016年，在二十国集团领导人峰会上发布了《二十国集团数字经济发展与合作倡议》，也界定了数字经济的界定："以使用数字化的知识和信息作为关键生产要素、以现代信息网络作为重要载体、以信息通信技术的有效使用作为效率提升和经济结构优化的重要推动力的一系列经济活动。"《数字经济及其核心产业统计分类(2021)》中给出了数字经济的概念，是指以数据资源作为关键生产要素、以现代信息网络作为重要载体、以信息通信技术的有效使用作为效率提升和经济结构优化的重要推动力的一系列经济活动。

1. 数字经济主要由数字产业化和产业数字化两部分所构成

数字产业化是数字经济的基础部分，是由传统的信息产业演化而来，主要包括数字产品制造业、数字产品服务业等。产业数字化是指传统产业通过使用数字技术和数据资源而使其生产数量增加和生产效率提升，是数字技术和实体经济的融合。例如：把物联网技术应用到农业领域，可以实施监测并控制土壤水分及温度、空气温度进而提高产值。

2. 数字经济的范围较大

数字技术具有非常强的通用性，人们能够广泛地将数字技术应用到社会的各个行业中，并大幅度提高各行业的经济效率，进而提升整体经济的效率，改造经济发展的整体面貌，为社会经济发展增添新形态，因此数字经济的范围远远超越了信息产业部门的范围。

3. 数字经济是一种技术经济范式

云计算、人工智能等技术的应用推动传统经济向数字经济转型进而出现了新的经济形态。数字经济不仅具有经济活动技术特征，在经济结构和形态、行为模式和规律等方面也都产生了和农业经济、工业经济显著不同的特点。数字经济技术范式具有三大特征：数据成为关键生产要素，满足了界定关键要素的三个条件即数据成本递减、供给增加、应用普及；信息技术的创新带动了全社会的技术进步；数字基础设施创造了新的市场条件。

(二)我国数字经济的发展历程

我国数字经济的发展，早期主要是得益于人口红利，互联网用户的快速增长为互联网产业的崛起提供了优势。移动端时代的到来，推动了我国数字经济走向成熟期。

数字经济 1.0 时代。1994 年，我国正式接入国际互联网，开启了我国的互联网时代。1997 年，丁磊在广州创办了网易公司，既是创始人也是 CEO；1998 年搜狐、腾讯、新浪成立；1999 年腾讯 QQ 面世，风靡全国；阿里巴巴开启电商新时代。2000 年，百度公司由李彦宏创立于北京中关村。此时，我国数字经济商业模式比较单一，业务模式主要是新闻门户、邮箱服务和搜索引擎等。2000 年，纳斯达克综合指数遭遇重挫，不断下滑，互联网泡沫破灭，这对我国的互联网产业也造成了一定程度的影响。

数字经济 2.0 时代。我国于 2003 年进入了数字经济 2.0 时期。此时，互联网用户数量保持两位数增长。2003 年上半年，阿里巴巴推出了个人电子商务网站——淘宝，并将 eBay 挤出中国市场，成为全球最大的 C2C 电子商务平台。按照中国商务部发布的历年《中国零售业发展报告》数据统计，2006 年，在线零售额超过一千亿，2012 年超过一万亿，增长率超过 50％。2007 年，我国颁布了《电子商务发展"十一五"规划》，确定电子商务服务业为国内重要的新兴产业。博客、微博等新产业涌现后，我国的网民个体对社会经济的影响逐步扩大。2005年，博客进入公众的视野，博客用户以个人姿态深度参与到互联网中。2005年2月16日，腾讯QQ的在线人数首次突破1000万。2009年，微博正式上线，单帖限制在140字的微博通过即时传播的力量产生了巨大的影响。根据艾瑞咨询《2012—2013年中国移动互联网行业年度研究报告》数据显示，截至2012年年底，中国移动互联网用户达到4.2亿，这一数据首次超过了台式计算机的数据，表明我国数字经济的发展进入新阶段。

数字经济3.0时代。在我国移动互联网用户规模逐步扩大的背景下，互联网产业已经形成基本格局，进入了成熟期。在信息交流的基础上，智能手机与人类在线和离线生活连接，具有深远的双向效应。传统产业基于互联网，可以在线上提供各种生活服务，出行方面出现了"滴滴打车"、餐饮领域出现了"饿了么""美团外卖"等，医疗、家务等也能够通过互联网来解决。共享业态以模式创新的方式，改变了以往的"有桩"模式，为我国数字经济创新发展注入了新活力。2016年淘宝直播上线，网络直播模式、网上购物与海淘的整合，使网络直播经济成为强大的变现模式。

我国的数字经济、工业4.0、新零售等行业仍是起步阶段，而网络视频、网上购物等行业已进入成熟期。互联网产业作为数字经济的重要构成，是传统产业转型升级的驱动力。我国互联网行业已形成了百度、阿里巴巴、腾讯、京东（BATJ）等四大寡头主导的格局，未来两三年内将很难改变。2021年7月13日，中国互联网协会发布的《中国互联网发展报告（2021）》显示，2020年，数字经济市场规模已达39.2万亿元，较上年增加3.3万亿元，数字经济在GDP中的比重提升至38.6%。国家数字经济总量已跃居世界第二。2022年7月30日，2022全球数字经济大会成果发布会在国家会议中心举办。会上，《北京数字经济发展报告（2021—2022）——建设全球数字经济标杆城市》正式发布。2021年北京数字经济增加值达16 251.9亿元，占GDP比重达40.4%，比重位列全国第一，数字经济核心产业实现增加值8 918.1亿元，占数字经济比重为54.87%。近3年数字经济核心产业新设企业年均增加1万家，全市数字经济核心产业规模以上企业8 000多家，占全市规模以上企业数量的19%。数字经济大型企业数量逐年增多，收入千亿级企业由2018年的2家增长到

2021 年的 5 家；百亿级企业由 2018 年的 39 家增长到 2021 年的 58 家。2023 年 5 月 23 日，国家网信办发布《数字中国发展报告》，2022 年，中国数字经济规模突破 50 万亿，占 GDP 比重提升至 41.5%，超过四成。此外，来自工信部的数据显示，2022 年，中国先进制造业产业集群建设步伐进一步加快，45 个国家级集群产值超 20 万亿元，占 GDP 比重近两成。

(三)数字经济产业的分类

2021 年 5 月，国家统计局发布了《数字经济及其核心产业统计分类》，该文件对数字经济产业进行分类，主要有以下 5 大类：数字产品制造业、数字产品服务业、数字技术应用业、数字要素驱动业以及数字化效率提升业。

1. 数字产业化

数字产业化是指为产业数字化发展提供数字技术、产品、服务、基础设施和解决方案，以及完全依赖于数字技术、数据要素的各类经济活动，它是数字经济的核心产业，具体分类见表 1-1 所示。

表 1-1   数字产业化具体分类

大类	中类	小类
数字产品制造业	计算机制造	计算机整机制造，计算机零部件制造，计算机外围设备制造，工业控制计算机及系统制造，信息安全设备制造，其他计算机制造
	通迅及雷达设备制造	通信及雷达设备制造，通信终端设备制造，雷达及配套设备制造
	数字媒体设备制造	广播电视节目制作及发射设备制造，广播电视接收设备制造，广播电视专用配件制造，专业音响设备制造，应用电视设备及其他广播电视设备制造，电视机制造，音响设备制造，影视录放设备制造
	智能设备制造	工业机器人制造，特殊作业机器人制造，智能照明器具制造，可穿戴智能设备制造，智能车载设备制造，智能无人飞行器制造，服务消费机器人制造，其他智能消费设备制造

续表

大类	中类	小类
数字产品制造业	电子元器件及设备制造	半导体器件专用设备制造，电子元器件与机电组件设备制造，电力电子元器件制造，光伏设备及元器件制造，电气信号设备装置制造，电子真空器件制造，半导体分立器件制造，集成电路制造，显示器件制造，半导体照明器件制造，光电子器件制造，电阻电容电感元件制造，电子电路制造，敏感元件及传感器制造，电声器件及零件制造，电子专用材料制造，其他元器件及设备制造
	其他数字产品制造业	记录媒介复制，＊电子游戏游艺设备制造，信息化学品制造，计算器及货币专用设备制造，增材制造装备制造，＊专用电线、电缆制造，光纤制造，光缆制造，工业自动控制系统装置制造
数字产品服务业	数字产品批发	计算机、软件及辅助设备批发，通讯设备批发，广播影视设备批发
	数字产品零售	计算机、软件及辅助设备零售，通信设备零售，音像制品、电子和数字出版物零售
	数字产品租赁	计算机及通讯设备经营租赁，音像制品出租
	数字产品维修	计算机和辅助设备修理，通讯设备修理
	其他数字产品服务业	其他未列明数字产品服务业
数字技术应用业	软件开发	基础软件开发，支撑软件开发，应用软件开发，其他软件开发
	电信、广播电视和卫星传输服务	电信，广播电视传输服务，卫星传输服务
	互联网相关服务	互联网接入及相关服务，互联网搜索服务，互联网游戏服务，＊互联网资讯服务，互联网安全服务，互联网数据服务，其他互联网相关服务

续表

大类	中类	小类
数字技术应用业	信息技术服务	集成电路设计，信息系统集成服务，物联网技术服务，运行维护服务，信息处理和存储支持服务，信息技术咨询服务，地理遥感信息及测绘地理信息服务，动漫、游戏及其他数字内容服务，其他信息技术服务业
	其他数字技术应用业	三维(3D)打印技术推广服务，其他未列明数字技术应用业
数字要素驱动业	互联网平台	互联网生产服务平台，互联网生活服务平台，互联网科技创新平台，互联网公共服务平台，其他互联网平台
	互联网批发零售	互联网批发，互联网零售
	互联网金融	网络借贷服务，非金融机构支付服务，金融信息服务
	数字内容与媒体	广播，电视，影视节目制作，广播电视集成播控，电影和广播电视节目发行，电影放映，录音制作，数字内容出版，数字广告
	信息基础设施建设	＊网络基础设施建设，＊新技术基础设施建设，＊算力基础设施建设，其他信息基础设施建设
	数据资源与产权交易	＊数据资源与产权交易
	其他数字要素驱动业	供应链管理服务，安全系统监控服务，数字技术研究和试验发展

来源：根据《数字经济及其核心产业统计分类(2021)》整理所得；"＊"为数字经济核心产业标识.

2. 产业数字化

产业数字化是指应用数字技术和数据资源为传统产业带来的产出增加和效率提升，是数字技术与实体经济的融合。一般情况下，数字化效率提升业可以归属于产业数字化领域中，数字化效率提升业主要有智慧农业、数字政府、智能交通、智慧物流、数字金融、智能制造、数字商贸、数字社会以及其他数字化效率提升业，等等。产业数字化也是数字经济的核心产业，具体情况见表1-2所示。

表1-2　产业数字化分类

大类	中类	小类
数字化效率提升业	智慧农业	数字化设施种植，数字林业，自动化养殖，新技术育种，其他智慧农业
	智能制造	数字化通用、专用设备制造，数字化运输设备制造，数字化电气机械、器材和仪器仪表制造，其他智能制造
	智能交通	智能铁路运输，智能道路运输，智能水上运输，智能航空运输，其他智能交通
	智慧物流	智慧仓储，智慧配送
	数字金融	银行金融服务，数字资本市场服务，互联网保险，其他数字金融
	数字商贸	数字化批发，数字化零售，数字化住宿，数字化餐饮，数字化租赁，数字化商务服务
	数字社会	智慧教育，智慧医疗，数字化社会工作
	数字政府	行政办公自动化，网上税务办理，互联网海关服务，网上社会保障服务，其他数字政府
	其他数字化效率提升业	数字采矿，智能化电力、热力、燃气及水生产和供应，数字化建筑业，互联网房地产业，专业技术服务业数字化，数字化水利、环境和市政设施管理，互联网居民生活服务，互联网文体娱乐业

来源：根据《数字经济及其核心产业统计分类(2021)》整理所得

(四)我国数字经济的相关政策

我国政府相关部门非常重视互联网领域的安全与治理问题，我国政府相关部门陆续发布了诸多数字经济相关政策。

2012年，国务院发布了《"十二五"国家战略性新兴产业发展规划》。要把握信息技术升级和产业整合发展机遇，加快建设宽带、融合、安全、泛在的下一代信息网络建设，实现超高速光纤通信与无线通信、物联网、云计算、数字虚拟、先进半导体和新型显示等新一代信息技术。

2013年2月，国家发改委发布了《关于加强和完善国家电子政务工程建设管理的意见》，鼓励在电子政务项目中采用物联网、云计算、大数据、下一代互联网、绿色节能、模拟仿真等新技术。

2015年3月，《政府工作报告》首次提出实施"中国制造2025"，推动产业结构迈向中高端。促进工业化和信息化深度融合，开发利用网络化、数字化、智能化等技术，着力在一些关键领域抢占先机、取得突破。

2015年7月，国务院印发了《关于积极推进"互联网＋"举措的指导意见》，国家各部门及地方政府随即出台了一系列相关的扶持政策，促进数字经济相关产业的发展，并且率先在国际市场上建立数字经济规则。

2016年9月，二十国集团杭州峰会通过《二十国集团数字经济发展合作倡议》；同年10月，习近平总书记在中共中央政治局就实施网络强国战略进行第三十六次集体学习会上指示，要以信息化在培育新动能，用新动能推动新发展。

2017年3月，李克强总理在《政府工作报告》中指出，网络提速降费要迈出更大步伐，年内全部取消手机国内长途和漫游费，大幅度降低中小企业互联网专线接入资费，降低国际长途电话费，推动"互联网＋"深入发展、促进数字经济加快成长，让企业广泛受益、群众普遍受惠。这是我国《政府工作报告》中首次纳入"数字经济"，表明数字经济已经上升到我国的国家战略高度。

2018年4月20日—21日，习近平总书记在全国网络安全与信息技术工作会议上指示，要加快数字产业化与产业数字化的发展。2018年8月23日，首届中国国际智能产业博览会召开，习近平总书记在贺信中指出，我们正处在新一轮科技革命和产业变革蓄势待发的时期，以互联网、大数据、人工智能为代表的新一代信息技术日新月异。促进数字经济与实体经济融合发展，加快新旧发展动能接续转换，打造新产业新业态，是各国面临的共同任务。中国高度重视创新驱动的发展，坚决贯彻新发展理念，加快推进数字产业化和产业数字化，努力推动高质量发展，机制创造高品质生活。

2020年4月，国务院发布《关于构建更加完善的要素市场化配置体制机制的意见》，指出要加快数据要素市场培育。为加强数据安全保护，出台了《网络安全法》《数据安全法》和《个人信息保护法》等一系列法规。同年7月，国家发改委、中央网信息办、工业和信息化部等13个部门联合下发《关于支持新业态新模式健康发展激活消费市场带动扩大就业的意见》的通知，提出"支持新兴产业健康发展，活跃消费市场，促进就业增长"，加快发展数字经济15种新商业模式，加快发展19项创新扶持政策新商业模式，促进生产供应，推动新市场的活跃，发展新的就业模式，扩大新的动力。提出了数字经济新模式的15个重要方向，确定了四大支撑措施。在激活新的消费市场的同时，完善适合新在线服务模式的系统规则，创新服务模式供给，培育新的在线教育服务模式，发展新技术的"无人经济"。在新个体经济发展中，发展"副业创新"、多点实践等新型就业产业，促进安全体系的完善，激发市场主体的内生动力，创新创业。

2021年3月，《中华人民共和国国民经济和社会发展第十四个五年规划和2035年远景目标纲要》发布，指出要加快数字化发展，建设数字中国。加强关键数字技术创新应用；加快推动数字产业化；推进产业数字化转型；构筑美好数字生活新图景；打造数字经济新优势；营造良好数字生态。

二、消费理论回顾

消费是经济学中最为基本的行为活动，既是决定宏观要素市场资源分配的重要依据，也是体现微观居民需求的关键因素，能够满足居民的短期生存和长期发展，因而消费理论在经济学研究中占据重要地位。近几年，在外部需求疲软和国内经济进入双循环阶段的背景下，拉动内需带动经济持续稳定增长成为我国经济发展的主要方向。因此，经典的消费理论对于我国政府制定扩大内需政策和宏观经济调控具有一定指导意义。本部分内容按照消费理论的发展脉络对经典消费理论进行梳理和回顾。

(一)居民消费理论

Keynes在1936年提出的绝对收入理论通常被认为是现代消费理论的开端，自此许多学者对居民消费理论进行了长时间的研究和探索，决定因素的选取从当期收入到永久性收入，后又延伸考虑了不确定性条件下对消费的影响，使理论更加贴合实际，但是上述理论大多建立在消费者理性的条件下，该条件很难满足，以后的学者结合消费者的心理作用，研究对象从理性消费者到非理性消费者，延展出行为消费理论。消费理论至今可以大体分为收入决定消费理论、不确定条件下居民消费理论、消费行为理论三类，消费理论整个体系充分考虑到有关居民外界客观因素和内在心理因素，有助于理解和分析居民消费行为。

1. 收入决定消费理论

绝对收入理论①提出短期内，消费支出主要取决于以实际购买力计算的当期绝对收入，与过去或者将来的收入无关，消费水平的变化与收入水平呈现同方向变化，消费的增长幅度则低于收入的增长幅度。

相对收入理论②提出了不同于消费由当期绝对收入决定的观点，学者考虑到消费者有示范效应和棘轮效应两种心理行为，认为居民消费除了受当期收入影响，还依赖于周围人群消费水平和过去高峰收入水平。示范效应即消费者可能产生攀比心理，与其他消费者相比的相对收入水平导致其消费水平的变动。此外，消费者有习惯行为，消费水平易上升不易下降，收入减少导致消费减少的效用要小于收入增加对消费增加的效用，这种现象为棘轮效应。

生命周期理论③认为理性的消费者会根据效用最大化的原理来合理安排一生的永久性收入，将人生分为年轻、中年和老年三个阶段分别确定消费和储蓄。

持久收入理论④同样将视角放在了永久性收入，认为消费者可以预测未来收入，且希望平滑跨期消费水准，对此消费者会尽量根据一生的总收入来决定消费支出，当预期持久性收入变动时，相应调整消费支出。换言之，持久性收入是决定当前消费的重要因素。持久收入理论和生命周期理论都认为当期的收入水平并不会影响消费水平。但不同于生命周期理论侧重于储蓄方向，

---

① 约翰·梅纳德·凯恩斯. 就业利息和货币通论[M]. 北京：中国社会科学出版社，2009：16.

② 高鸿业. 西方经济学(宏观部分)[M]. 5版. 北京：中国人民大学出版社，2010：28.

③ Modigliani F. Life cycle, individual thrift and the wealth of nations[J]. Nobel Prize in Economics Documents，1985，234(4777)：704-712.

④ Friedman M. Theory of the consumption function[M]. New York：National Bureau of Economic Research，1957：6.

持久收入理论更注重未来持久性收入。

2. 不确定条件下的居民消费理论

上述消费理论和实际居民消费情况有所出入,现实中,因为不确定性的存在,很多消费者并不能预期未来收入,将来的消费习惯、消费行为等也会因不确定性因素而改变,随机游走假说认为居民消费满足随机游走,并不受过去信息的影响。因函数与变量选取原因,该论点被论证有所偏差,但对研究不确定条件下居民消费理论做出了巨大贡献。

预防性储蓄理论[①]在生命周期理论的基础上,考虑了未来收入不确定性对居民消费的影响,得出预防性储蓄理论。该理论提及未来收入不确定性增加会使消费预期边际效用上升,消费者通常减少当期的消费,提高预防性储蓄用于未来消费。在未来收入不确定的条件下,消费者的消费水平易受当期收入水平影响,呈正相关关系,这一结论和绝对收入理论相似。

流动性约束理论[②]。流动性约束指消费者信贷受到限制,无法以可接受的低利率得到所需贷款数额,该情况大多因为金融市场不发达、信息不对称和信用记录不佳等问题导致。持久收入理论假设有能力偿还贷款的消费者可以以和储蓄相同的利率借贷,消费者可以通过信贷方式缓解当期收入减少,从而平滑消费水平,但该假设过于理想化,与现实情况不符。随后引发关于流动性约束问题的探讨和研究。该理论认为流动性约束会提升消费者的预防性储蓄动机,如果消费者当前出现或者预期将来出现流动性约束问题,会选择减少当期消费以应对未来不确定性。在存在流动性约束的条件下,消费者的消费水平会降低,消费对预测收入水平减少的敏感程度增加。

3. 消费行为理论

消费行为理论是行为经济学的重要组成部分。在流动性约束和预防性储蓄两个消费理论中,假定消费者是完全理性的,这代表消费者能够合理决策且有强大意志力做到终生效用最大化,但在现实中,消费者往往是非完全理

---

① Fisher M R. Exploration in saving Behavior[J]. Oxford Bulletin of Economics and Statistics,1956,18(3):201-277.

② Zeldes S. Consumption and liquidity constraints: an empirical investigation [J]. Journal of Political Economy,1989,97(2):305-346.

性、自控能力不足的，该差异使得现实居民消费情况与前文提到的消费理论出现背离，在此背景下，许多经济学家开始注重消费者的心理和社会特征对其消费水平的影响，在主流消费理论的基础上逐渐形成消费行为理论，主要包括行为生命周期消费理论，时间偏好理论，前景理论等。

行为生命周期理论在生命周期假说的基础上提出，完善修正与实际消费不符合的问题，创新点在于提出了自我控制和心理账户两个重要概念。自我控制体现在使用意志力压抑当下消费，行为生命周期理论认为消费者存在"双重偏好结构"，即希望即时消费享受当下，又希望未来消费将一生效用最大化。推迟消费需要意志力，会产生心理成本使效用降低，消费者需要在两者之间权衡。心理账户将消费者的财富大致划分成当前收入、当期资产和未来收入三个账户，这三个账户的消费诱惑力依次减小，延迟消费产生的心理成本也依次减小，所以消费者更倾向于选择当期收入消费。

时间偏好理论从时间维度出发，指出消费者相比将来消费更偏好当前消费的现象，通过规范的时间偏好理论模型，利用固定的贴现率代表消费者时间偏好的程度，后来因贴现率递减、时间偏好反转等多个与该贴现模型违背的异象引起学者广泛讨论。贴现率递减指随着时间的增加，人类要求的贴现回报率下降，时间偏好反转代表人们在不同时期的偏好选择不一致。泰勒在1981年证实了消费者时间偏好不一致性，针对这些异象，双曲线贴现模型被提出并逐渐改进应用至今。双曲线贴现模型符合时间偏好不一致现象，刻画了人类短期内偏感性，长期趋于理性的心理特征，从而导致不耐心程度先高后低现象。

前景理论。在前景理论产生之前，预期效用理论常常被用来描述人们在不确定性条件下做出决策的依据。预期效用理论假设人处于理性状态且遵守一系列公理，最终决策结果由各种可能结果加权得出，追求预期效用最大化。然而现实中人并非完全理性，受心理和外界因素影响会做出并非效用最佳的选择，比如人类更偏好确定性的结果，愿意给予确定性结果更大的权重；前景描述方式会影响人们的偏好和决策；人们并非风险厌恶者而是损失厌恶者，盈利情况下厌恶风险，损失情况下偏好风险。上述对应的确定性效应、分离效应、反射效应现象无法用预期效用理论解释，相比预期效用理论的不足之处，Kahneman

和 Tversky(1979)[①]提出的前景理论更符合人们的实际行动决策。前景理论的核心是期望的价值而非效用，更注重财富的变化情况而非最后数量，在该理论下人们的决策过程分为编辑和评估两个阶段。编辑阶段确定一个参考水平，决策结果超过该水平即收益，低于该水平为损失，评估阶段是对各行为加入权重进行比较，得出价值最高的决策。[②] 价值函数图如图 1-1 所示。

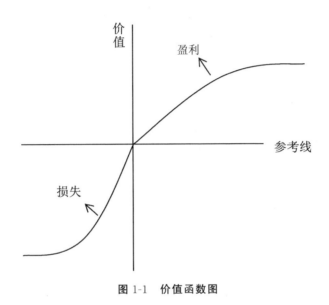

图 1-1　价值函数图

(二)消费者异质性

1. 消费者异质性的提出

异质性消费者的概念是将消费者外生设定为两类，一类是遵循生命周期最优决策原则，这一类消费者的消费主要是受持久收入所决定的；另一类是遵循"拇指法则(Rule of Thumb)"，这一类消费者的消费数量与当期全部收入是相等的。消费者异质性的提出，冲击了持久收入假说的解释力，并且打破了已有的"李嘉图等价"观点。所以，学者们把消费者分为两大类，分别是"李嘉图式"消费者，即第一类消费者；"非李嘉图式"消费者，即第二类消费者。

---

① Kahneman, Daniel and Amos Tversky. Prospect Theory: An Analysis of Decision under Risk[J]. Econometrica, 1979, 47(2), 263-292.

② 凌炼. 消费金融对我国城镇居民消费行为的影响研究[D]. 长沙湖南大学, 2016.

异质性消费者概念的问世，有效地解释了消费过度敏感性问题。

异质性消费者的假定与经验数据比传统消费行为理论的同质消费者假定更为相符，学者们经过一系列的实证研究，进一步证明了"非李嘉图式"消费者的存在。"非李嘉图式"消费者的引入对政府财政政策和货币政策的效果评估也产生了显著的影响。对于"非李嘉图式"消费者的产生机制，主要沿着两个方向展开。其一，认为该类消费者面临着流动性约束，仅拥有少量的资产或者没有资产，同时缺乏从资本市场获得信贷的渠道，因而无法实现消费的跨期动态优化。其二，从"有限理性"及信息不完全的约束出发，学者们解释了"短视"性消费行为的产生。例如，现实中的消费者很难准确评估终生财富的价值，同时跨期的动态优化求解往往具有较大难度，导致其计算出的跨期消费路径与理论上的最优消费路径存在较大的误差。此外，现实中消费者在进行最优决策获取最大化效用时，还需要支付信息搜集成本，收益与成本的权衡会导致消费者的最优消费路径偏离理论上的最优消费路径，导致"非李嘉图式"消费者的出现。依据异质性消费者理论，美国政府多次推出"退税"政策，用以刺激私人消费。如美国 2001 年的退税政策，学者们经过一系列微观数据的实证检验，证明了居民对政府临时退税所得的边际消费倾向大约是 $0.2\sim0.4$。依据传统的同质性消费模型的估计，居民对临时收入的边际倾向接近于 0。因而，必须引入有足够数量的"非李嘉图式"消费者，才能降低理论预测与实证检验结果的差距。但遗憾的是，即使包含异质性消费者的预防性储蓄模型和流动性约束模型，也仍无法"产生"足够的"非李嘉图式"消费者。

学者将经典的 Baumol-Tobin 货币需求模型与不完全市场生命周期模型相结合，并且建立了一个结构模型来分析美国家庭消费对于临时退税所呈现的过度敏感性问题。学者们将被研究对象的家庭所持资产划分成两种：一种是像现金、支票账户等回报率比较低的"流动性资产"，变现这些"流动性资产"的过程中不需要支付交易成本；另一种是诸如房产、退休金账户等的高回报率的"非流动性资产"，变现这些"非流动性资产"的过程中则需要支付一定的交易费用。在具体的实验中，如果被研究对象能够按照跨期最优的原则来分配其生命周期内的财富积累与消费情况，便可根据被研究对象的差异性财富组成结构把其划分为两种不同的分类：即 HtM(Hand to Mouth)型和非 HtM

型家庭两种类型。这两种家庭是根据其是否持有流动性资产为标准进行划分的：持有少量或者不持有流动性资产的家庭被列入 HtM 型家庭；而持有一定数量的流动性资产的家庭则被列入非 HtM 型家庭。如果按照被研究对象是否持有非流动性资产的标准进行划分，则可以将 HtM 型家庭具体又细分为"富裕型"家庭和"贫穷型"家庭两种。前者是基本上不持有流动性资产的家庭，但是其持有数目可观的非流动性资产，并且能够对新增临时性收入呈现出较大的边际消费倾向，但是已预见的未来收入的增长不会影响其消费行为。

在包含收入风险、流动性约束和二元资产组合的生命周期模型中，实证分析类似于政府临时性退税的可预期的临时性收入变动对居民消费的影响情况。将传统生命周期模型中家庭所持有的资产分为两类："高流动性、低收益"的流动性较高的资产、"低流动性、高收益"的流动性较低的资产。上述两类资产当家庭需要进行变现，用以消费的过程中都是要支付一定的交易成本的，相比之下，流动性较高的资产的变现成本远远低于后者。如此一来，家庭在跨期决策时还需要权衡变现资产用以平滑消费的收益和成本，导致一部分家庭资产整体流动性较低的家庭在短期内也可被视为受到流行性约束。通过这种方式，使得传统单资产模型中的相当一部分"李嘉图式"消费者转变为"非李嘉图式"消费者，称之为"富裕型非李嘉图式"消费者，而传统模型中受到流动性约束的消费者称之为"贫困型非李嘉图式"消费者。这表明，资产结构和资产变现成本会对居民的消费行为产生显著影响。

与之类似，Kahneman[1] 在新古典经济增长理论的基础上构建了一个将居民分为资本家和工人的分析框架，模型中资本家和工人分别遵循不同的消费函数和资本积累函数，在消费异质性的基础上进一步衍生出资本积累的异质性，更为全面地考察了财产的积累对家庭决策的影响。不难发现，异质性的引入在未来将进一步改写经济学的分析框架。

我国学者关于消费者异质性问题也展开了诸多研究，臧旭恒等[2] 较早分析

---

① Kahneman, Daniel and Amos Tversky. Prospect Theory: An Analysis of Decision under Risk [J]. Econometrica, 1979, 47(2), 263-292.

② 臧旭恒, 张欣. 中国家庭资产配置与异质性消费者行为分析[J]. 经济研究, 2018, 53(03): 21-34.

了我国消费者异质性的问题，将1978年以前的中国消费者视为被动的短视消费者，而这以后的消费者行为则被假定为前瞻消费者。我国学者们的研究大多是基于宏观数据的基础上，研究我国居民的消费行为特征，如居民消费行为受到流动性约束的影响，城乡居民的消费差异比较明显、居民消费不同程度上存在短视性情况等。实证分析方面，有学者通过实证分析，探究了我国居民家庭资产与居民消费之间的联系。

2. 消费者异质性消费的影响因素

对消费者而言，由于消费者之间获取的信息存在差异性，就会形成差异性的购买意愿、愿意支付的费用以及实际购买行为等。对于商品或者服务的提供方而言，他们根据所能获取的消费者个人信息，制定商品与服务合同价格。学者们关于消费者异质性的研究角度不同，有学者结合保险领域研究风险异质性，认为个体间存在风险差异，并且投保人较之保险人具有风险信息优势，从而具备逆向选择存在的前提。只考虑保险市场上的风险异质性的情况又叫作一维信息异质性，消费者之间只存在健康风险的差异，其他信息则是对称的。多维异质性指消费者从各个方面体现出的差异，如财富水平、风险态度、受教育水平、婚姻状况、年龄、家庭人口规模、自评健康等多个维度的不同。在实际的投保过程中，风险异质性并非消费者做出投保决策的唯一衡量因素，财富、个人风险偏好等因素共同影响消费者的投保决策，也将影响消费者的医疗服务利用。

诸多学者研究证明，其他异质性信息同样影响消费者的购买意愿，学者们的研究显示，风险偏好、认知能力、财富水平、职业等因素都在一定程度上影响着消费者的购买意愿，而风险因素也不是唯一影响消费者购买意愿的因素。

3. 消费性异质性与逆向选择

在早期理论研究中，消费者的异质性只是体现在消费者风险的异质性层面，认为风险是消费者购买意愿的唯一影响因素，主要辨析消费者的风险程度和保障程度之间异质性问题，并且将消费者划分为高风险人群和低风险人群两大类。

有学者研究发现，如果消费者属于极度风险厌恶者的类型，那么对其这样的消费者而言,尽管有非常低的健康风险存在,他也不会去承担风险不确定性所造成的后果,而更会去购买健康保险产品。也有学者指出,影响消费者购物的因素不仅仅只有上述分析得出的几点因素,还有消费者的财富等因素,财富是影响消费者消费的一个重要因素。

三、全国统一大市场的相关理论

(一)全国统一大市场的内涵探讨

柳思维[1]从发展的基础出发,将统一大市场形成的基础条件归纳为市场经济和社会分工的充分发展。洪银兴[2]基于市场构成的视角出发,认为全国统一大市场建设所包含的主要要素有商品市场、劳动力市场、资本市场、生产资料市场、技术市场以及信息市场等诸多要素。建设统一大市场,需要不断培育和完善各类市场,逐步形成完整的市场体系,促进不同市场之间进行协调的发展。周殿昆[3]基于全国统一大市场运行过程的角度考虑,认为全国统一大市场的健康有序运作,离不开统一的规则制度做保障,以确保全国统一大市场的公平有序竞争。建立公平有序的市场竞争秩序,主要是在全国统一大市场内部使用统一性的财政政策、统一性的税收政策与统一性的货币政策,并且在国际上能够使用统一性的外贸政策与外汇政策。周振华[4]基于市场特性的视角,提出统一大市场没有形成时空割裂,全国统一大市场的建立不存在行业和所有制的歧视问题,不存在地方保护主义与行业垄断问题,也不存在税收壁垒的障碍限制等问题。刘志彪[5]从市场最终格局的视角考虑,认为全国统一大市场建设的最终格局,是国内市场最终形成了高度开放的、一体化、充分竞争和有序运转的局面。有学者基于运行结果的视角,分析提出统一大市场使商品和要素能够在全国范围内实现无障碍、无摩擦、低成本、高效率的

---

①　柳思维.关于促进形成强大国内统一市场体系的思考[J].湖南大学学报(社会科学版),2020,34(01):34—39.

②　洪银兴.论我国转型阶段的统一市场建设——兼论区域经济一体化的路径[J].学术月刊,2004(06):83—91.

③　周殿昆.论建立和发展全国统一市场[J].社会科学研究,1992,(06).

④　周振华.建设统一市场协调经济发展[J].求是,2001,(22).

⑤　刘志彪.国内统一大市场助力构建新发展格局[N].中国社会科学报.

充分自由流动和市场出清，统一大市场充分发挥了其在资源配置中的决定作用和市场竞争的帕累托最优效果。

我国学者关于统一大市场的内涵分析是仁者见仁，智者见智，基于不同视角提出了不同观点，但却基本达成一个共识：全国统一大市场的"四性"认知。分别是"市场的统一性"，即包含了市场规则等要素的统一性，在这样的"市场的统一性"下，实现了各个经济主体根据统一的市场规则实现其市场经济活动的正常运行；"市场的开放性"，即实现了国内的各个地区之间、各个部门之间的开放式运作；"市场的竞争性"，即实现了消除市场上的各种障碍问题，为全国统一大市场中的不同经济主体创造出能够公平开展市场竞争的良好市场运行环境；"市场的有序性"，即按照统一的市场规则，实现市场上不同经济主体的经营活动的良好秩序性，能够有助于排斥传统的政府部门行政干预与相关权力对市场经营主体经济活动的干预等。

臧跃茹[①]在分析全国统一大市场的内涵的基础上，研究并且揭示了阻碍其健康发展的主要因素，提出阻碍全国统一大市场建立的因素主要有不同地区的区域发展与市场体系发展之间存在的不均衡问题、各地区政府部门采取的地方保护主义政策、各地区存在的大型地方企业垄断行为，市场上的相关法规制度体系不健全、市场上的相关产权制度不健全、各地区的户籍制度要求严格程度不一致、各个地区的产业结构趋向统一化等问题。上述学者们的研究为更好地理解全国统一大市场的科学内涵，进一步推进全国统一大市场建设提供了重要的理论依据。

(二)全国统一大市场建设的必要性

在市场经济中，如果让价格机制充分发挥其应有的作用，需要确保市场上的价格能够充分并且灵敏地反映出市场上的真实供求变化情况，为市场上的不同经济主体提供比较准确的市场价格信息，以充分发挥其激励作用，并且以此来有效调节市场上的生产经营活动与运行，进一步正确引导市场中的资源流向，最后促进市场资源实现优化配置[②]。商品价格的运动是以竞争为中

---

① 臧跃茹. 关于打破地方市场分割问题的研究[J]. 改革，2000，(06).

② 宋亚琼. 数字经济赋能国内统一大市场的形成机理与实现路径[J]. 商业经济研究，2023，(21).

介的运动，它是大量生产者在一定的生产部门之间进行分配的调节者，正是这种运动引起了各个生产部门内生产者的不断流出和流入——这就是所谓的需求和供给的规律①。

市场上存在的分割与不完善等问题导致市场上的各个经营主体之间容易产生限制其自由竞争的情况，此时，假如市场上的供给方之间无法实现充分竞争，就无法真正地释放出市场上应有的供给量。假如市场上的需求方之间无法有效地开展充分竞争，则无法真正地反映市场上应有的需求量，最终会造成市场价格出现长期偏离价值，无法实现社会生产与需求的平衡，也无法实现市场资源的合理配置，最终给市场上的生产者与消费者带来利益上的严重损失。要保障市场竞争主体实现充分竞争，以此保障市场价格机制、供求机制等能够充分发挥其应有的作用。除此之外，市场中的商品所有者要实现地位平等与交换等价的目标。市场主体双方之间不能仅凭较少的价值量去跟对方交换更多的价值量。

（三）加快全国统一大市场建设的现实意义

加快建设全国统一大市场具有非常重要的现实意义，本书分别从以下三个维度解析全国统一大市场建设的重要现实意义。

1. 全国统一大市场建设能够为建设高水平的社会主义市场经济体制提供强有力的基础保障

"十四五"规划提出，"全面深化改革，构建高水平社会主义市场经济体制"。要建立高水平的社会主义市场经济体制，有效的产权激励、自由流动的要素、公平有序的竞争、灵活的价格反应机制以及优胜劣汰的市场环境等，②高标准的市场体系是保障高水平的社会主义市场经济运行的重要一环。③ 党的十九届五中全会明确提出，建设高标准市场体系的目标任务，是"健全市场体系基础制度，坚持平等准入、公正监管、开放有序、诚信守法，形成高效规

① 马克思，恩格斯. 马克思恩格斯全集：第 32 卷[M]. 中共中央马克思恩格斯列宁斯大林著作编译局，译. 北京：人民出版社，1998.
② 张卓元. 深刻理解"高水平社会主义市场经济体制"[N]. 经济日报，2020－12－25(001).
③ 王思琛，任保平. 新经济背景下我国高标准市场体系建设：理论机理、基本架构与实现路径[J]. 经济体制改革，2021，(05)：

范、公平竞争的国内统一市场"。① 由此可见，建设一个高标准的市场经济体系，其主要的目标任务与全国统一大市场的建设目标任务相同。由此可知，构建全国统一大市场，促进高标准的市场经济体系的建立，可以为建立一个高水平的社会主义市场经济体制提供强有力的基础保障。

全国统一大市场能够给我国新一轮市场化改革的全面启动提供诸多有利的支撑。2020 年 5 月，《中共中央国务院关于新时代加快完善社会主义市场经济体制的意见》发布，提出"必须进一步解放思想，坚定不移深化市场化改革，扩大高水平开放，不断在经济体制关键性基础性重大改革上突破创新"，这是中共中央推动新一轮市场化改革的决心。全国统一大市场的建设，能够充分发挥资本市场助推国企混改市场的作用，使国有企业主体具备更多的活力；能够助力完善统一的产权保护制度，促进各所有制经济产权得到依法平等的保护，进而为全面启动新一轮市场化改革提供诸多的有利条件。

2. 基于生产—市场关系的视角，建立全国统一大市场有助于为新发展格局建设提供重要的支撑

新发展格局的突出特点就是将"两头在外""大进大出"的原有经济循环格局，逐步转变为以国内大循环为主体的格局，而且会更加注重国内市场对生产经营活动所产生的激励作用。通过国内市场的高水平发展，以实现资本、要素、商品和服务等的高效流动，进一步提升资源配置效率；进一步提升国内市场效率和劳动生产率；进一步提升市场上的要素所有者和劳动者们的收入水平，逐步打通市场需求的堵点问题，从而真正扩大我国的内需；进一步壮大市场经营主体，促进市场供给质量的提升，进而优化市场需求升级的通道，实现市场供需互相支撑、产销并进的良好发展局面；进一步扩大国内市场的规模，激发市场公平有序竞争、深化各个经营主体分工协作的潜能，加速促进国内统一大市场的形成。最终，提升国际经济市场的竞争潜力，提升参与国际经济循环的竞争优势，从而实现国际国内双循环发展。

全国统一大市场的建立，能够保障统筹经济发展与安全。习近平总书记

---

① 马建堂. 深入学习和践行新发展格局理论[J]. 商业文化，2020，(33).

强调，"越是开放越要重视安全，统筹好发展和安全两件大事"①。现今社会，我国面临外溢风险加剧，局部地区政治冲突，局部地区战争频繁等问题，又面临贸易保护主义加剧等风险，对我国经济安全发展产生不良影响。除此之外，我国各市场主体在近几年的经济发展过程中，逐步认识到科技自立自强的重要性。一国的经济发展过程中，如果缺乏关键核心技术的自主知识产权，则无法在经济产业链断裂时还能够"安然无恙"，如果遇到"卡脖子"问题，整个经济链条就无法实现正常运行，也就无法实现经济安全发展。因此，国内统一大市场的建立，能够形成强大的内循环发展局面，能够利用国内市场潜力的释放来对冲外围市场带来的风险，保障我国经济实现"安然无恙"。根据全国统一大市场的需求，能够有效地引导与有效地配置创新资源，促进创新要素在更大的范围内有序地流动与集聚，促进重大科技成果的转化与应用，有助于科技创新产业链与供应链的安全运行，进而实现我国科技创新企业自立自强，掌握主动权。

3. 基于大国优势的视角，全国统一大市场的建立能够激发超大规模市场优势和内需的潜力

2020 年中央经济工作会议提出，我国拥有超大规模的市场优势与内需潜力，是有助于实现我国经济稳中向好、长期向好基本趋势的重要因素。要充分发挥超大规模市场优势与内需潜力，就需要建立国内统一大市场作为基础保障。全国统一大市场的建立，能够运用其规模性与多样性的特点，扩大我国经济的回旋空间，提高我国经济的发展韧性。

我国拥有众多的网民，能够顺利成为各种新技术、新业态和新模式的"试验田"，而且能够实现用较低的试错成本换取较大的潜在收益。拥有如此特征的国内统一大市场，能够为众多领域的新创企业和中小企业等创造出良好的成长空间，在此环境下，一些发展潜力良好的小型企业能够有更多的机会成长为大型企业，以此提高企业的纵向流动性。拥有如此特征的国内统一大市场，能够成为人才资源与创新要素的集聚地，激发巨大的创新动力。

全国统一大市场能够帮助激发并重塑大国参与国际合作与竞争的新优势，

① 习近平. 正确认识和把握中长期经济社会发展重大问题[J]. 求是，2021(2)：4-7.

这是保障我国推动和引领经济全球化发展的重要因素。全国统一大市场分别从两个角度推动我国国际合作与竞争新优势的形成。第一个角度是全国统一大市场的分工能够有助于效率的提升。全国统一大市场拥有一套比较完整的、专业的产业体系，有助于在区域内部实现相对较好的分工与专业化生产，进一步推动生产技术的细分与技术的进步，以增强我国的经济整体竞争力。第二个角度是全国统一大市场引致的规模经济效应与范围经济效应的竞争优势。当生产要素与产品规模达到一定水平的时候，全国统一大市场能够降低单位商品的生产成本；能够助力企业更好地打造自己产品的品牌与企业品牌，并且有机会逐步升级为区域性品牌，如此形成的品牌效应又能够促进该产业集群实现更好的创新、升级与转型发展，从而提升其集群优势与国际竞争优势；有利于运用经济活动空间集聚的优势来降低企业的创新成本，促进众多创新型企业快速壮大，提升上述企业的盈利能力。

四、本章小结

本章首先分析了数字经济的内涵与发展，认为数字经济对推动经济增长、保持经济转型发展发挥着重要作用；分别分析了美国、英国、欧盟和德国等西方主要发达国家的数字经济发展历程，重点分析了我国数字经济发展历程、数字经济的分类，以及我国数字经济的相关政策等。其次，本章分析了居民消费理论；分析了不确定条件下居民消费理论中的预防性储蓄理论和流动性约束理论等；分析了消费行为理论中的行为生命周期理论、时间偏好理论、前景理论等。再次，本章分析了消费者异质性的提出；分析了消费者异质性消费的影响因素；分析了消费者异质性与逆向选择，风险偏好与财富等因素均会影响消费者的购买意愿。最后，本章分析了我国统一大市场的相关理论，探讨了全国统一大市场的内涵，分析了建设全国统一大市场的必要性。

第二章　数字经济的特点分析

随着信息技术的突飞猛进，数字经济的外延不断扩张，现已延伸至工业、农业、服务业等其他非信息产业领域。数字经济已经发展成为一种新的经济形态，展现出不同于传统农业经济和工业经济的特点。

一、数据要素化

不同时期经济发展依赖的生产要素不同，数据作为数字经济的关键生产要素，其爆发式的增长，使数字经济与经济社会不断交汇融合，为社会经济的发展提供了巨大的能效。

随着数据存储和计算能力的提高，数据价值创造能力也在不断提升，带来了数字技术的迅速发展。数据价值对企业经营决策，商品服务贸易内容和社会全面治理手段都有着重要的影响。数据资源不同于传统的生产要素，数据资源可复制、可共享和无限增长，而一般的传统要素供给却是有限的，数字资源的供给禀赋为可持续增长和可持续发展提供了基础保障，成为数字经济发展中新的关键生产要素。

数字经济的发展，需要数据依法依规开放共享，可使用、可访问、可交易、可问责，进一步提升数据要素治理效能，推动数据生产要素实现价值。

二、数字基础设施发挥重要作用

数字转型和经济高质量发展离不开数字基础设施的支持，数据改变了基础设施的形式，数字基础设施也逐渐成为一种新的基础设施，一般包括连接、计算和交换三个特定功能，促进网络、技术和实体三方面的融合。推进数字基础设施建设，需要大力推进以 5G、物联网、工业互联网、卫星互联网为代表的通信网络基础设施建设、以数据中心和智能计算中心为代表的计算力基础设施建设、以人工智能、云计算和区块链为代表的新技术基础设施建设，同时也要注重深度应用这些数字技术支持传统基础设施改造升级，推进各类融合基础设施建设。

数字基础设施不仅具有公共性、共享性和泛在性等共同特征，还具有整合性、生态性、赋能性等独特特征。主要体现在：一方面推动人工智能、工业互联网、物联网等新型基础设施建设，尤其是加快实现 5G 的商业化，完善数字人才的培养机制，充分发挥数据基础设施的支撑作用；另一方面提高无线网络、宽带、云计算、云储存等信息基础设施的覆盖率，可以利用数字化技术，对传统的基础设施进行数字化改造升级，如在传统基础设施上安装传感器实现数字化转型。

三、数字技术是核心驱动力

近几年，大数据、云计算等现代信息化技术的发展，推动着社会经济的数字化转型。有效利用数字化技术，向数字化转型是未来的大势所趋。数字技术是推动数字经济发展的关键技术和核心动力，推动着数字经济高质量发展。

数字技术，也可以称作是新一代的信息技术，呈现出应用广泛、持续的技术改进、促进应用领域创新等特征。即通用的技术可以在很多不同行业之间，甚至是国民经济、全社会领域内使用，可以引起其他的产业业态、商业的模式、业务的流程、产品的形态、生产的方式、组织的方式、治理的机制、劳资的关系等方面产生颠覆性的变革。

数字技术呈现出主体多元化、应用形式多样化、覆盖面广的特征。工业互联网是一个从软件到硬件、从数字到实体、从工厂内部到工厂外部的复杂生态系统，通过智能生产、网络协同、服务延伸、个性化定制等模式促进制造业与服务业的融合，可以推动其跨越式发展，实现跨设备、跨系统、跨厂区、跨区域的互联互通，从而促进制造业的产业链延长，逐步形成整个制造业智能化服务体系，进而实现工业经济各要素与资源的高效共享。

数字技术能够推动工业互联网解决以下五个问题：首先，数字技术能够帮助企业的所有 IT 设施进行集约化发展，能够由原有的单点工厂逐步发展到全产业链、全价值链以及全要素的集合系统。其次，数字技术有助于提高生产效率，打造数字化智能型生产系统；再次，数字技术有助于提高工业产品的数字化、智能化水平；然后，数字技术能够构建出移动化、智能化的协同型办公平台；最后，数字技术能够推动人工智能联网（AIoT）的发展，有效联结网络世界与物理世界，最终构建出一站式智能型物联网解决方案，并且实现万物智能互联。

数字经济正在逐步地全方位地重构人类社会的生存空间，其持续突进，不断改进实体经济的数字化，不仅依赖于掌握数字技术并利用数字技术分析处理数据的创新型专业人才，更依赖于高校中数字经济人才的培养、社会中数字知识与技能的普及、公众中数字素养的提高。现阶段的数字经济时代中，数字素养已逐渐成为每一位公民发展的首要素养，同时，数字能力已逐步成为每一位公民的基本生存能力，甚至，数字技术技能已渐渐成为每一位体力或脑力劳动者在就业中的基本技能。因此，数字经济的发展需要数字技术的提升，数字技术的发展离不开数字素养与数字能力的提升。

具体而言，数字素养就是在数字化的环境下，充分利用数字技术手段与数字技术方法，高效地挖掘信息、选择信息、评价信息、整合信息、交互信息的综合型科学技能与文化素养。数字素养包括对数字资源的接收能力以及给予能力，具体表现在以下八个角度：数字获取、数字交流、数字创建、数字消费、数字安全、数字伦理、数字规范以及数字健康。

数字能力是指在工作、休闲、交流等各个方面，均能够自信地、合理地、有效地、批判地娴熟运用相关信息技术的能力。从能力要素的视角进行分析，除了基础技能因素之外，数字能力也包括拥有较强的数字技术素养、创新的数字技术设计和灵活的数字技术思维等高级数字技能。从社会层面分析，数字能力被欧盟认定为个体终身学习的八大核心能力之一，社会要求年轻的求职者拥有数字能力，主要是希望其能够在现阶段的新知识社会生活中，让其工作与生活能更加高效。从技术层面来分析，当前的社会生活中，随着智能手机、社交媒体的广泛应用，数字化工具与数字化媒体所扮演的角色愈发重要，因此，在数字化社会中，数字能力提升了所有人在工作、学习、生活中的参与度与分享度，较高的参与度与分享度需要社会公众拥有全新的能力，如游戏素养、多种任务的处理与执行、团队协作智力、网络信息整合、线上协商能力等。

四、数字产业是产业主导

数字经济时代背景下，数字产业在产业结构中的占比逐步提升，影响着生产要素优化升级产业结构，促进产业附加值的提升。当前，数字产业已经发展为数字经济时代的主导产业。

数字技术的创新发展，对于其他产业的辐射带动作用不断增强，主要体现在数字产业的跨界融合、数字产业的平台化与数字产业生态化的纵深发展。当前，数字技术的发展已经突破了传统的产业界限，改变着原有的价值创造方式，逐步实现产业数字化的渗透、交叉与重组。与此同时，数字技术平台已经逐步发展为数字产业价值创造与价值聚合的重要载体，发展为数字经济时代背景下协调与配置资源的基本环节。数字时代背景下，伴随企业之间、企业与外部环境的跨界融合发展，各个企业之间的界限逐步模糊起来，演变出了更多的价值创造的关键载体，逐步演变出服务于特定的价值主体，集资源、整合、技术、服务于一体的商业生态系统。

数字化产业体系发展需要推动数字产业化与产业数字化的双轮驱动转型，二者之间协同并向发展，促进传统产业与制造业实现转型升级。在数字产业化发展的视角下，加快建立具有自主知识产权的数字产业化体系，围绕5G、人工智能、工业互联网与高端芯片产业等重要领域，重点提高其产业链、供应链的稳定性与竞争能力。在产业数字化视角下，需要大力推进数字技术与实体经济的深度融合，加快传统产业模式转型升级，向数字化模式、智能化模式方向发展，着重推进"数字技术＋优势传统产业"模式走向纵向深入发展阶段。并且逐步延伸数字产业链，大力升级数字产业发展的能级，促进数字经济对传统经济的放大、叠加和倍增效应的提升，逐步发展为极具规模的多元数字产业集群，最后建立起具有强大智能制造能力的产业数字化体系。

五、数字产品是主导产品

数字经济时代背景下，数字产品制造研发与供给的数量逐步增加、质量逐步提高，数字产品的附加值与核心竞争力逐步得到提升，并且逐步渗透向社会生产与经济生活的多个领域，逐步扩大其影响范围，逐步提升其影响力，促进数字产品发展成数字经济时代的主导性产品。数字经济的发展需要以数字产业为基础支撑，发展数字产业必须要不断研发市场所需要的数字产品，只有构建出以数字产品为核心的数字化生产体系，才能发展为数字产业，才能促进产业的转型升级。当前，数字经济对经济社会发展的影响是全方位、多角度的，小到个人和家庭，大到政府和企业，对于数字产品和服务的需求越来越高。所以，不管是数字产业化，还是产业数字化，其最终的目的均是"以客户为中心"，为不同客户主体提供优质的差异化数字产品和服务，使客户有良好的使用体验，逐步提高用户的幸福感获得感以及安全感。

众所周知，数字经济以实体经济作为发展的基础保障。实体经济若要实现长远发展是离不开数字经济支持的，数字经济的实体化发展与实体经济的数字化发展具有同等的重要性，双方要双向施策，精准发力。所以，发展数字产品的关键要素就是建立起数字产业化生产体系，有效运用数字技术，把数字化知识与数字化信息转变为生产要素，以形成系统性的数字产业链，发挥产业集聚效应，向数字技术过渡，现在的诸多数字技术已经逐步被制作为相关的产品，逐步实现传统产业数字化的转型升级。

六、供给侧与需求侧逐步融合

基于传统经济形态的视角，供给侧与需求侧之间是分离的状态。早在工业化的初期阶段，由于物质较缺乏，供求关系中供给方占据了主导地位，所以需求是否得到满足取决于市场上供应的产品，在"萨伊定律"中，供给自动创造需求，它显示了供给侧与需求侧双方的关系。随后，人们的需求逐渐增加，物质稀缺的问题基本得到解决，所以供给方依据消费者的需求生产商品，但是技术和效率方面存在一定的障碍，供给侧与需求侧的分离关系并未发生改变。当前，数字化技术不断发展成熟，逐步助推供给侧与需求侧的相互融合，二者的关系也发生了改变。

数字经济分别从供给、需求和融合这三个方面，助力供给侧和需求侧逐渐融合发展。基于供给的视角看，应加大力度推动数字产业与智能制造产业共同发展，同时赋能数字产业化与产业数字化协同发展，全力打造以大规模个性化定制、产品全生命周期管理为代表的服务型制造。基于需求层面的视角看，应当在经济社会的各个领域鼓励"数字＋"建设，通过需求拉动创新，通过需求来检验创新，全面激发与提升数字技术发挥创新的潜力。基于融合方面的视角看，需要大力支持"数字技术＋"发展，大力助推各种模式和生态的创新发展，促进供给侧与需求侧双方之间实现有效对接，然后扩大数字经济的整个产业链，加速各行各业的智能化转型，最终，实现开放包容的数字经济生态共同体的建立。

尽管数字经济经历了多年的发展，时至今日，依然存在局部产能过剩、局部需求却不足的情况，也存在局部产能不足但是局部需求却过剩的情况。主要原因是当前大家过度注重最终产品与市场之间的联系，忽视了产品与要素之间的联系。所以，在数字经济之后的发展中，关键在于彻底将供给侧数字化，这对于将数字经济融入产业链的供需环节，助力供给侧与需求侧的全面深度融合，进而助力供需双方实现平衡，有非常重要的现实意义。从本质上来讲，实现供给侧数字化的根本目的，是将数字化应用到每个细小的供需环节中，最终实现整个产业链的全面贯通。

七、数字经济具有普惠性

当前，社会大众参与经济社会活动的门槛逐步下降，各行各业努力实现"多赢＋共赢"，共同促进了产业成本的大幅下调、效率的全面提升、终端用户体验的综合升级，最终带来价值的提升。数字经济作为生产力与生产关系的辩证统一，是赋能经济增长的新动能，也是推动经济高质量发展的新引擎。

数字经济具有普惠性特征，同时，数字化信息拥有非竞争性，并且趋于零的边际生产成本，以上的这些特点，延展了数字经济的联接边界与联接深度，共同助力了数字经济的普惠性，对边缘群体能够产生强大的赋能效应。

八、颠覆性变革不断涌现

科技创新是经济发展的根本动力与核心动力。各行各业的发展均无法脱离技术转型，但数字经济与传统产业创新有很大不同。传统的持续性技术将成熟产品的性能提升到市场主流客户群体长期看重的性能，这里的"颠覆性技术"能够为主流客户提出其容易忽略的价值主张。通常来讲，"颠覆性技术"始于更便宜、更简单、更小、更易于客户使用的利基需求。即便"颠覆性技术"或者颠覆性创新对头部企业构成了重大挑战，甚至有可能导致头部企业落败，但是其落脚点却停留在传统企业，他的创新频率、创新影响力以及创新的广度等均不能与数字经济相提并论。

现阶段，在全球范围内，新的科技革命与产业变革正如星星之火，以燎原之势在数字技术、先进制造技术、新材料技术、生命技术等方面加速成熟并逐渐商业化，尤其是在互联网、云计算、大数据、物联网、人工智能、区块链、3D打印等产业表现得最为明显，数字经济已演变成产业变革的核心驱动力。相较于传统行业，数字经济的创新具备频率高、影响大、覆盖面既深且广的特征。

具体而言，当前经济社会的创新频率比较高。相比之下，传统行业的技术已经发展的比较成熟，很少发生技术突变问题，很多新技术与现有技术具有相似性与连贯性，即便出现了颠覆性技术，且成为行业主流技术之后，也会进入一定期限的技术稳定停滞期。最广为人知的一些例子，如液晶电视取代了传统电视机，智能手机取代了传统的功能型手机。当前，电视与手机的生产技术已稳定了十几年，一些新的电视与手机生产技术主要是为了提升产品性能。但是，在数字经济领域，数字技术日趋成熟，并且逐步商业化，推动了新产品以及新商业模式的产生与构建。

综上所述，传统产业已经很少出现技术突变性创新，传统产业的技术主要是延续其原有的技术路线，这些都导致传统产业产生依赖性特征，造成传统企业的领先地位一旦确立，将非常难以被撼动的局面。所以无论是新企业的进入，还是一个新地区的发展，均存在难以跨越的行业进入壁垒。与传统行业不同，数字经济的破坏性创新不断出现，难以有效预测其技术与商业模式的发展方向。上述企业为在职员工提供相同或类似的生产工具，但是在新科技领域没有明显的优势。由于战略僵化，这类企业对新技术革新的反应相对缓慢，因此在数字经济领域，无论企业、地区还是国家，都有很多"换道超车"的机会。上述新产品与新模式的创新发展为其创造了占据主导地位的可能性，并且依此逐步发展壮大为大型企业。此时，上述企业就有机会在其所在区域或国家的新技术、新产品、新模式、新商业模式形成的新产业中占据一席之地，甚至在世界上占据主导地位。

九、平台经济涌现

与传统产业不同，在数字经济的背景下，平台经济成为一种新形态的生产组织。作为比较典型的双面型市场，平台连接了用户与供应商，承担着二者之间匹配信息的媒介与双方交易的空间的角色。平台具体是指聚合各种用户和用户活动基础设施的中介，是"基于外部供应商和客户之间价值创造交互的商业模式"或"两个或多个的组合"，独立的小组通过供应商接在一起。比较典型的平台主要包括淘宝的天猫与京东商城以及微信直播等平台。平台的划分也可以按照供应商的来源与性质进行划分为多种类型，这其中，共享经济是近几年发展较迅速的形式。共享经济代表的是新一代信息技术平台的使用方式，它能够把商品、技能、生产设备和时间等闲置的或者是未被充分利用的资源，根据个人或企业等需求，按照一个比较低廉的价格甚至是免费的形式转让给用户使用，这是一种个人或企业使用的新类型的资源分配方法。

随着生产效率的提高，尤其是计算机的普及化应用，为社会公众提供了能够更好地开展生产活动的使用工具，能够助其摆脱对企业组织和对生产工具的依赖。随着生活水平的提高，人们希望追求工作时间上的自由自在，个体营业受到越来越多的人的支持。除此之外，更多的产品和项目的开发与生产，主要是通过共同的兴趣和爱好收集分散在平台上的许多个人，逐渐形成了社会化生产模式。其中比较典型的众包模式，主要包括维基百科、开源社区以及慕课等。平台已经成为数字经济时代背景下最为普遍化的商业模式与生产组织形式。

对于商品和服务来说，平台企业本身只需要专注于平台的基础设施建设。平台企业通过有效的平台认识供需关系，并不拥有在平台上交易的商品或服务。如阿里巴巴作为最有价值的零售企业却没有自己的库存,Facebook 作为世界上最大的社交平台却没有自己的内容制定;等等。

一般在传统行业里,普通企业的发展路径主要靠企业自身的情况,主要包括资源与发展能力等。但值得注意的是,企业相关资源的积累、发展能力的形成均受诸多因素的制约,形成的时间跨度较长,导致相关企业的增长率比较有限。与此相比,平台企业能够运用平台之外的个人或企业作为其产品或者服务的供应商。由于互联网没有边界之分,只要连接上网线,分散在世界各地的个人和企业都可以成为平台供应商。因此,平台打破了对企业自身资源和功能增长的制约,平台企业的增长速度远远快于传统企业的增长速度,因此,数字经济的增长速度也远远高于传统企业。

从表 2-1 可以看出,在 2017 年全球市值最大的 10 家公司中,有苹果、Alphabet(谷歌的母公司)、微软、亚马逊、Facebook 这 5 家公司是平台企业,而到了 2021 全球市值最大的 10 家公司中,已经有苹果、微软、亚马逊、谷歌、脸书、腾讯、阿里巴巴这 7 家公司都是平台企业。

表 2-1 世界十家市值最大公司

排名	2017 年		2021 年	
	公司	市值(亿美元)	公司	市值(亿美元)
1	苹果	7 540	苹果	20 855
2	Alphabet	5 790	沙特阿美	18 876
3	微软	5 090	微软	18 304
4	亚马逊	4 230	亚马逊	15 994
5	伯克希尔哈撒韦	4 110	谷歌	15 159
6	Facebook	4 110	Facebook	8 656
7	埃克森美孚	3 400	腾讯	7 168
8	强生	3 380	伯克希尔哈撒韦	6 552
9	摩根大通	3 140	台积电	5 640
10	富国银行	2 790	阿里巴巴	5 587

数据来源:普华永道. *Global Top 100 companies by market capitalisation*(2017,

2021)

十、网络效应显现

如果说规模经济推动了旧的工业经济发展，那么网络经济则催生了新经济。数字产业往往会产生网络效应，也就是网络的外部性，特别是大型网络会比小型网络更具备吸引力。网络效应主要包括以下三个类型：直接网络效应、间接网络效应和跨边网络效应。其中，直接网络效应是指产品或服务的客户使用数量越多，产品或服务为客户提供的价值就会越大。比较典型的是电话，如果只有一个人有电话，那么电话对使用者的价值就为零。而随着拥有电话的人数逐步增多，给用户打电话的人数也会越多，电话的价值就会越大。间接网络效应，是指产品或服务的互补品的数量越多，其产品或服务为客户提供的价值就会越大。比较典型的是计算机操作系统，由于计算机操作系统自身的功能十分有限，计算机的性能主要取决于其操作系统中运行的应用软件的数量。如果应用软件越丰富多彩，那么计算机操作系统带给客户的价值就会越大。跨边缘网络效应，主要是平台带给一方客户的价值取决于平台的另一方客户的数量多少。如果一方的客户数量越多，那么平台带给客户的价值就会越大。比较典型的是汽车的网约车服务，使用网约车 App 的用户增加了，意味着需求就会增加，需求增加了，就会吸引更多的司机。随着司机数量的增加，汽车服务的对象地理领域也随之增加。因为范围广，司机可以更快地接受订单，用户可以更方便地打车，价格也更低。这样一来，就能吸引更多的司机和用户。

网络效应中的直接网络效应、间接网络效应和跨边缘网络效应，会导致相关企业在面对市场竞争的时候，如果企业的产品或服务具备数量充分的使用者，并且能够迅速获得供应商的情况下，正反馈机制的功能就会显现。由于平台中存在越来越多的用户或供应商，平台价值就会被放大，进而又会吸引更多的用户和供应商入驻平台，如此，平台价值会日益增加。反之，如果相关企业没有足够数量的使用者与供应商，那么消极反馈机制就会发挥作用，就会面临竞争的失败。相比之下，当传统产业进入成熟期，即使部分企业占据着主导市场的份额，但是整个行业内规模相对较大的企业比较多，会造成多家企业共同分享市场的垄断竞争局势。数字经济产业发展过程中，因有网络效应的存在，通常是最先触发正反馈机制的平台将会成为最终的赢家，获得大部分市场份额，被称为"胜者通吃"现象。

十一、本章小结

本章结合数字经济的发展情况，梳理出数字经济发展的特点。随着新时期信息技术的发展，数字经济的外延不断扩张，从单纯的数字产业化逐渐转向范围更大的产业数字化，数字经济已经具有不同于传统农业经济和工业经济的独特特征。本章梳理了数字经济发展的特点，主要包括数据要素化、数字基础设施发挥着重要的作用、数字技术成为核心驱动力、数字产业是产业主导、数字产品是主导产品、供给侧与需求侧逐步融合、数字经济具有普惠性、颠覆性变革不断涌现、平台经济涌现、网络效应显现等。

第三章　数字经济"五化"发展情况分析

近年来，随着互联网和信息技术的发展，各国纷纷发展数字经济，我国也给予了高度重视，意识到在当前大数据时代，要紧跟时代发展方向，紧抓发展机遇，加快数字化建设，打造"数字中国"，推进数字产业的发展，强化数字政府建设，将数字经济融合到实体经济中，发挥出二者的优势，推动我国数字经济发展，从而带动我国整体经济高质量发展。

一、数据价值化发展情况

（一）数据价值化方兴未艾

随着中国经济进入新常态，挖掘数据红利、发展数字经济已成为我国未来经济发展的重点把控方向，而优化公共服务体系与政府的治理能力自然也需要有大数据作为基础支撑，发展数字经济，挖掘数据价值化，寻找数据背后蕴含的价值点，发挥大数据时代数字经济的引导优势。在此背景下，全国31个省级行政区域均陆续出台相关政策文件，为破除数据壁垒，举起智能产业大旗，鼓励改革创新，激励大数据与人工智能的融合，将数字经济优势融入实体经济中，发挥相得益彰的作用。我国经济要想在信息技术时代占据一席之地，就要把控数字经济的方向，高度重视当前互联网科技带来的机遇，以开放的前瞻性眼光看待未来的发展趋势，加快数字化建设，打造"数字中国"，推进数字产业的发展，强化数字政府建设，实现数字经济与实体经济相融合，使得第一产业、第二产业以及第三产业齐头并进，推进农业新模式化，制造业新业态化，服务业智能化，以促进我国数字经济整体全面提升。在此背景下，聚焦企业数字化转型问题，剖析数据价值化转型需求，挖掘数据价值化未来发展趋势、激发数字化转型所发挥出的优势，有助于激发潜藏在实体经济中的发展动能，释放出被"禁锢"的价值。

数据价值化的第一个阶段是数据资源化，主要包括数据采集、数据整理、数据聚合、数据分析等。其中，数据采集是根据需要收集数据的过程，数据整理包括数据标注、清洗、脱敏、脱密、标准化、质量监控等，数据聚合包括数据传输、数据存储、数据集成汇聚等，数据分析是通过对数据进行研究和总结的过程，以期为未来的决策提供逻辑性支撑。信息技术领域迅猛发展，数据采集、数据整理、数据聚合、数据分析、数据资源供应链完整，随着智能计算机能力的提高，数据处理的成本也随之下降，这都对数据资源化的发展奠定了有力的基础。

我国整体虽处于数据价值化的萌芽阶段，但在数字化基础阶段已初具完整体系，如数据采集与数据标注阶段，数据应用阶段也在不断完善，总体呈现向好趋势。各省市陆续成立了大数据管理局，如浙江省、江西省、吉林省等14个省份、直辖市设立了省级大数据管理局，南京市、沈阳市、兰州市等12个城市设立了市级大数据管理局。如表3-1所示。

表3-1　省市级大数据管理局

省级大数据管理局（14个）		
北京市大数据管理局	河南省大数据管理局	贵州省大数据发展管理局
福建省大数据管理局	吉林省政务服务和数字化建设管理局	浙江省大数据发展管理局
山东省大数据局	广西壮族自治区大数据发展局	广东省大数据管理局
海南省大数据管理局	内蒙古自治区大数据发展管理局	江西省大数据中心
上海市大数据中心	重庆市大数据应用发展管理局	
市级大数据管理局（12个）		
南京市大数据管理局	广州市大数据管理局	沈阳市大数据管理局
成都市大数据中心	兰州市大数据管理局	保山市大数据管理局
黄石市大数据管理局	咸阳市大数据管理局	银川市大数据管理服务局
昆明市大数据管理局	贵阳市大数据发展管理局	宁波市大数据发展管理局

我国人口总量较多，人工成本会随工作的复杂程度而提高，在此基础之上，数据价值化的探究有着重要意义。此外，人口基数大也有利于知识的传播与积累，在此基础上，知识技能将发挥显著的促进作用。

（二）重点行业数据价值化转型加快推进

"十三五"期间，我国数据价值化进入快速发展轨道，在引领转型方面发挥了重要引导作用，在改革创新与深入实践方面踊跃争先，基于科技革命、需求倒逼与科技革命的发展，在此期间涌现出各种新业态与新模式，这在新兴产业结构、数字化基础设施建设与工业互联网等方面取得了明显进步，为推动数据价值化，实现高质量发展奠定了坚实基础。在"十四五"的开篇，我国要以"用"为立足点，强调实践与应用，推动数字经济建设，以互联网推动政府服务，打造"互联网＋政务服务"，以便民利民为目标，打通惠民"最后一公里"。

当前，我国正围绕优势支柱产业推动信息技术的发展，以实现"互联网＋制造业"的发展，汽车产业正全面提升产业链数字化水平，以实现智能汽车制造业优化升级；原材料产业在检测与控制阶段已初步实现智能化，其中包括冶金建材与石化产业等；电子信息与装备制造业正加快智能车间建设，逐步由自动化向数字化、智能化转变；医药与食品行业以安全为主，保证质量可追溯；轻纺产业在大力推广大规模个性化定制，不断丰富消费品品种。数据价值化已得到各行业的认可与追寻，在信息技术不断发展的趋势下，制造业的质量与速度将稳步提升。

此外，在数字化经济发展的知识层面，构建服务体系，持续化推进人才培养方案，培养数字化人才，以适应数字经济时代的人才需求。如开展培训活动，举办数字经济研修班与培训班，开展数字创意大赛，向社会传播科技创新思维；组建数字经济研究院，政府面向市场与各大高校合作，利用人力与政策优势组建综合平台。

（三）数据价值化推进取得阶段性成果

我国数据价值化发展空间较大，虽然某些地区的相关基础配套设施尚不完善，但近年来相关政策机遇及乡村振兴战略的落实和推进，给我国数据价值化的进一步发展创造了良好的发展机遇。

以国网吉林省电力有限公司（简称"国网吉林电力"）为例，已上线多个能源大数据应用场景，如边境防控、脱贫评估与"电眼看吉林"等，出现了多个新业态、新模式与新技术，这得益于 2020 年初大势所趋的"数字新基建"机遇，基于以政府为主导方向，企业占据主要建设位置，多方主体共同参与，实行混合所有制的制度形式，国网吉林电力以此方针与政府通力合作，共同开展数字基建工作。为保障能源清洁利用工业互联网平台的发展，吉林省政府给予高度重视，出台实施意见给予政策扶持支持，相关职能部门制定详细的阶段目标与计划，国网吉林电力基于多部门的支持，将数据引入能源清洁利用工业互联网平台，其中包括重点用能企业监测和碳排放等数据，这进一步释放了数据价值，实现了资源信息共享。2020 年 5 月，国网吉林电力进行电力杆塔 5G 基站敷挂试点，试点测试显示天线挂载满足安全要求，包括电荷负载、电磁环境与电气间隙等技术指标，基于试点成功的测试，顺利地与中国铁塔长春分公司建立合作关系，这不仅对吉林省数字经济的发展奠定了稳定的基础，并且为吉林省的未来发展提供了方向。电网存量资源蕴含着丰富的价值，国网吉林电力着眼于此，为最大化经济价值，开展了运营商业化的深入实践。由于 5G 应用嘉年华活动的展示区内存在网络覆盖盲区，国网吉林电力基于此盲点与中国铁塔公司长春分公司建设合作伙伴关系，支撑省政府和一汽集团联合举行 5G 应用展示嘉年华活动，主要有车路协同无人驾驶等。吉林省电力杆塔 5G 基站敷挂建设已涵盖 10 千伏电压、66 千伏、220 千伏三个等级，智慧用能项目也在推广中，已经在六家企业得到应用，包括盼盼食品、长影世纪城等。预计未来，国网吉林电力将持续开展能源大数据应用场景建设，借助省内农业、制造业、清洁能源等优势，发展农业、新能源、清洁能源等产业。计划于"十四五"期间，把能源产品推广给一千个客户，这将为社会节约能源 10.5 万吨，企业将增加收入 1.6 亿元，客户将节约成本 2.4 亿元。

（四）数据价值化基础部分增势稳定、结构优化

随着中央一系列重大政策举措的出台，强调深化信息技术与制造业融合发展与支持地区改革创新等，对于促进经济数字化转型有重要意义，为全国数据价值化的研究与探索、实现弯道超车带来新的机遇。目前国际形势存在不确定性与不稳定性，构建新发展格局，加快全国工业互联网建设，推动制造业数字化发展，将为产业有效联通国内大市场提供对接机遇。信息技术与制造业的深化融合将为探究数据价值化的转型升级提供难得的新发展机遇。

1. 两化融合总体水平进入新阶段

我国各地区诸多企业进行自我对标、自我评估与诊断，通过参照两化融合服务平台内的标准发现自身的问题，多家两化融合试点企业不断发展，有利于企业两化融合意识不断增强。

2. 工业互联网由理论步入实践

具有一定区域和行业影响力的跨行业跨领域省级工业互联网、汽车行业工业互联网、能源清洁利用工业互联网、工业企业数字化公共服务等重点平台加快建设，平台供给能力不断强化，三级安全保障技术体系初步建成，产业生态不断健全壮大。

3. 新模式新业态不断增加

其中新模式包括数字化管理、网络化协同、智能化生产等。新业态包括工业电子商务、行业跨界整合、与制造业"双创"等，这将为第一产业、第二产业与第三产业带来强大活力，为经济创新带来新鲜血液。为保证智能制造进一步发展，百户智能制造示范工程进行滚动化实施，智能制造系统方案解决能力明显提升，逐步实现人、机、物等生产要素互联、管理系统互通。

二、数字产业化发展情况

数字产业化主要包括计算机通信和其他电子设备制造业、电信广播电视和卫星传输服务、软件和信息技术服务业、互联网和相关服务等。数字产业化的包含内容，见图 3-1 所示。

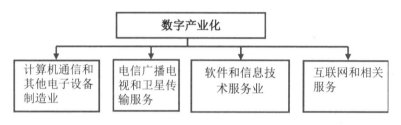

图 3-1　数字产业化包含内容

随着当前信息技术的快速发展，数字产业化被赋予了更广泛的内涵，包括但又不限于5G、集成电路、软件、人工智能、大数据、云计算、区块链等技术、产品及服务，详见图3-2所示。

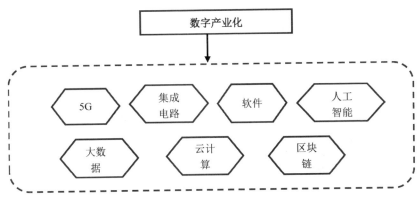

图 3-2 数字产业化的广泛内涵

近年来，随着数字经济的快速发展，数字产业化的发展不断发生变化：从数字经济的内部结构分析，数字产业化所占比例逐年下降，与之相对的是产业数字化所占比重不断增加。中国电子信息产业发展研究院公布的数据显示，2019年，我国数字产业化进一步迈向高质量发展，数字产业化的相关行业实力逐步提高，数字产业化的增加值规模已经达到7.1万亿元之多，同比名义提高了11.1%。但需要指出的是，数字产业化所占数字经济的比重正在下降，已经由2005年的50.9%逐步下降到2019年的19.8%。对比产业数字化的相关数据发现，同样是在2019年，中国电子信息产业发展研究院发布的数据表明，我国产业数字化的增加值规模达到28.8万亿元，同比名义上涨16.8%，占数字经济的比重由2005年的49.1%上升到2019年的80.2%。这一数据显示，我国产业数字化得到了进一步的推进，并且在数字经济中发挥着重要的主引擎作用。

近年来，数字技术飞速发展并全面渗透应用于经济社会各个产业领域，对经济社会的物质基础进行了重构，人类经济社会正在走向技术变革、产业重组、融合应用和制度改建的道路，逐步向数字经济新形态演变。我国不断加快"数字中国"建设，推进数字产业化发展，不断将数字经济做大做强。在数字经济方面也得到了快速发展，并且数字经济在我国经济社会发展过程中也发挥了积极的促进作用。

本章通过资料整理与调研，梳理了我国 5G 应用、大数据发展应用、人工智能发展应用、云计算发展应用等资料，分析数字产业化的发展情况，主要包括以下方面。

（一）各地积极加速 5G 产业布局

5G（第五代移动通信网络）是数字经济发展的基础设施，是支撑我国构建数字经济、发展智能制造、建设网络强国的主要基础设施。尤其是人工智能产业与先进制造、移动互联网、交通、金融、教育和旅游等一些关键行业的纽带。当前，我国 5G 的应用广度和深度还处于起步阶段。

1. 5G 产业着力点明确

5G 产业是基础建设工作的重要领域，也是推进人工智能、区块链、物联网与工业互联网相关领域内应用建设的有力保障。为了抢抓 5G 的发展机遇，各地政府积极加强部署 5G 网络，加快普及 5G 应用。例如，2018 年，吉林省人民政府办公厅印发《关于加快推动第五代移动通信网络建设的通知》（以下简称《通知》），对吉林省 5G 基础网络建设与试点示范应用发展等方面，提供了有力的政策支持。《通知》下发后，吉林省 9 个地市（州）相继出台了支持 5G 网络建设的相关实施建议，以确保全省 5G 网络建设工作顺利开展。

首先，明确了 5G 基站选址的相关解决对策。鉴于 5G 网络具有频率高、站址密度大等特性，为了更好地实现 5G 网络的连续覆盖性，迫切要解决其基站选址困难的问题。为此，各地在 5G 基站的选址方面，均使用了诸多解决方案，例如：将现有的移动基站的站址作为储备站址，为 5G 基站服务，能够有效地利用现有资源优势；还有的地区在规划建设新建小区、商务楼宇时，会提前预留位置给 5G 基站与机房等配套设施；各级党政机关、企事业单位等公共机构的管辖区域、所属非涉密楼宇以及公共区域等均为 5G 基站站址无偿开放；5G 基站的储备站址的范围延伸到路灯杆、公安监控杆、城管监控杆、道路指示牌、广告牌、公交站台等公共设施。

其次，为 5G 网络入场提供解决对策。各地政府提出不允许任何机构或者企业单位阻碍 5G 网络建设，不允许任何机构和企业单位对 5G 网络建设收取所谓的进场费、协调费和分摊费等不合理费用，与此同时，各地政府部门还明确了要加强对不开放公共资源或者是妨碍5G网络建设单位的监督检查力度，切实解决5G网络入场难的一切问题。

再次，明确了加快推进5G网络审批问题解决方案。由于北方地区冬季天气寒冷，因此存在建设工期较短的问题，需要解决建设审批时间长的问题。为此，北方地区提出在推进5G网络审批过程中，将5G网络建设的相关审批流程也纳入全省一体化在线政务服务平台之中，以此提升5G网络建设的审批效率。

从次，提出了5G用电的相关优惠政策。5G的网络覆盖密度比4G更大，其总体耗电量能够翻6~9倍。从全国范围来看，通信行业的用电价格始终处于高位运行之中，较高的电费价格已经是制约5G网络建设与发展的一个重要原因。为此，各地政府纷纷提出落实好国家减少用电成本的相关政策，也纷纷提出5G用电量要参与省内的电力市场交易中，并且建议在使用能源时优先使用清洁能源。与此同时，各地政府提出要为具备条件的基站实行转供电改直供电措施，并且对转供电单独给运营商开具增值税发票等。

最后，明确了5G行业应用支持政策。促进5G应用创新，推动经济社会的转型升级是建设5G新型基础设施的根本目的。在具体实施过程中，明确相关部门有效利用省级重点产业发展专项资金，积极引导相关部门和企业单位参与5G技术创新、应用示范与环境建设等方面。

2. 5G新基建投资稳步开展

近年来，各地政府积极加快5G网络、数据中心等新型基础设施建设的重要指示，助力"十四五"期间加快补齐基础设施的相关短板，制定相关对策与措施，为本地区5G新基建建设提供重要政策指引。

以吉林省为例：吉林省政府相关部门提出了新基建的建设目标，发布了《吉林省新基建"761"工程方案》，明确了从2020年开始实施新基建"761"工程，该工程计划将于"十四五"期间完成。根据《吉林省新基建"761"工程方案》，新基建"761"工程明确了有效利用多方资源和力量，实现成网、组网、联网、完善基础设施。新基建"761"工程预计实施2 188个项目，总投资额为10 962亿元。其中，比例分配如下：在智能信息网上投入的总投资量达到839

亿元、在路网上的总投资量达到 5 102 亿元、在水网上的总投资量达到 1 308 亿元、在电网上的总投资量达到 477 亿元、在油气网上的总投资量达到 198 亿元、在市政基础设施网上的总投资量达到 2 117 亿元、在社会事业补短板工程上的总投资量达到 921 亿元。积极推进吉林省智能信息网建设，明确关于 5G 基建工程的实施建设，预计到 2025 年，全省的县、乡、镇均能够达到 5G 网络的全面覆盖。吉林省大数据中心建设工程，明确了推动全省开展多领域数据中心建设，根据吉林省各地区的发展特点与地区优势，分别建设吉林云数据存储基地、净月数据中心、吉林省能源大数据中心、吉朵云 5G 新技术规模化应用等项目；提出不断优化与完善吉林省政务信息资源共享体系，有助于逐步打通吉林省数据通路。

3. 5G 应用逐步开展

在推动 5G 网络建设发展方面，各地政府相关部门积极布局，积极开展 5G 网络建设与应用推广。在各地政府相关部门的大力助推下，涌现出了大批的"5G＋"应用，为数字经济的发展与吉林省经济社会的高质量发展，起到了有力的助推作用。

以吉林省为例：2021 年 10 月 22 日，吉林省国家紧急医学救援基地 5G＋航空救援联盟建设研讨会在吉林大学中日联谊医院召开，与会专家就 5G＋航空救援联盟建设发表重要意见和建议，最终对 5G＋航空救援联盟建设模式、组织架构、网络架构、技术架构和运行机制等一系列关键性问题达成一致意见。农业银行长春宽城支行营业室是农业银行吉林省分行倾心打造的标杆网点，已经将 5G 与金融科技进行深度融合，如"5G＋场景融合""5G＋智慧支持""5G＋智慧体验"和"5G＋智慧管理"等，进而实现其业务办理速度"快"、客户体验质量"优"、业务场景情境"活"、营销服务体验"智"、员工获得感"强"等五个目标。2019 年 8 月 2 日，中国铁塔吉林分公司与吉林移动、长春市轨道交通集团有限公司联合构建的吉林省内第一个 5G 地铁站，在长春市地铁 2 号线文化广场站正式开放，自此移动 5G 网络逐步进入吉林省居民的生活中。现在，吉林省已经实现了地铁站厅站台内部的 5G 网络全覆盖，让往来地铁站的乘客亲身体验到了超高速的网络服务享受，乘客们可以在互动区充分体验到 5G 网络下的高清视频回传、无人机设备演示等应用效果。据悉，该地铁线通过铁塔公司统筹实现了三家电信企业 2/3/4/5G 共 6 套通信系统共享。

（二）各地积极推进大数据产业发展

1. 大数据发展应用依据明确

各地政府相关部门积极建立大数据管理部门，建立大数据全生命周期的管理体系，突出大数据平台的核心作用，并且积极推进公共数据共享、开放与应用等。

以吉林省为例：2019 年，《吉林省促进大数据发展应用条例》（以下简称《条例》）发布。《条例》主要涉及以下内容：一是明确吉林省大数据管理部门。《条例》明确了吉林省大数据的具体管理部门，即吉林省政府统一全面领导推动全省大数据的发展与应用工作，具体工作由省政数局负责统筹推进。二是建立吉林省大数据全生命周期的管理体系。三是突出吉林省大数据平台的核心作用。四是规定了吉林省大数据发展应用依目录进行管理的机制。提出按照一数一源、一源多用的原则，向省大数据平台归集已经采集或者产生的公共数据，以储存管理集中的公共数据。五是强调全省数据安全和法律责任。提出全省数据的安全管理、风险评估、安全监测预警和安全应急处置等机制；提出各相关主体对数据安全保障的责任与义务，对违反安全规定或者是没有依据吉林省统一规划和共享开放要求的主体，如果造成重复建设或影响共享开放等行为的，其产生的相关法律责任要由相关责任人及相关责任主体来承担。

2. 大数据产业集群建立

当前，各地区正在探索建立大数据产业集群，并且在大数据产业集群建设方面不断发力，加大相关政策扶持力度。

以吉林省为例：一是建立了大数据与先进制造业融合发展的龙头企业。吉林省已经实现了 10 颗卫星在轨运行，重访时间从以往的 3 天时间缩短到 1 天。此外，吉林省相关部门持续推动"吉林一号"遥感数据的综合化应用。二是建设吉林省大数据产业发展平台。吉林省多次组织相关单位开展研讨活动，主要围绕如何建设吉林省大数据产业平台等问题展开。三是建立吉林省大数据产业园区。吉林省政府相关部门正在积极推进国家智能网联汽车应用示范区建设。

（三）各地积极布局人工智能产业发展

1. 人工智能发展依据明确

在贯彻落实我国新一代人工智能发展的过程中，各地积极抢占人工智能发展的重大先机，促进人工智能产业的纵深发展。

以吉林省为例：2017 年 12 月 24 日，吉林省人民政府发布了《落实新一代人工智能发展规划的实施意见》（以下简称《实施意见》），主要包括以下内容。

一是明确吉林省新一代人工智能发展的战略目标。关于吉林省新一代人工智能发展的目标，《实施意见》主要提出了三点：第一点是计划到 2020 年完善吉林省人工智能的发展环境与基础设施建设，并且初步形成新一代人工智能发展的科技创新体系和产业发展体系，以实现全省相关行业的人工智能有效应用。第二点是计划到 2025 年逐渐完善新一代人工智能科技创新体系和产业发展体系，促进全省智能制造、智能医疗、智慧城市、智能农业、智能教育等实现长效发展。第三点是计划到 2030 年逐渐形成特色鲜明、优势明显的新一代人工智能科技创新体系和产业发展体系，实现全省人工智能科技、经济与社会发展的深度融合，显著提升吉林省人工智能对吉林省新经济的带动作用。

二是构建开放协同的吉林省人工智能科技创新体系。围绕吉林省汽车、石化、农产品加工等支柱产业，吉林省医药、装备制造等优势产业，吉林省光电子、空间信息等新兴产业的需求，《实施意见》提出人工智能在装备制造、教育、医疗、农业和社会治理等领域的应用，聚焦人工智能的基础理论、核心技术、软硬件支撑体系等三个方面构建开放协同的吉林省人工智能科技创新体系。

三是培育高端高效的智能经济。《实施意见》提出，要大力推进人工智能新兴产业的发展。加快吉林省产业智能升级。促进吉林省汽车、轨道客车行业实现智能制造领先水平，建成人工智能产业示范基地。大力推进信息进村入村工程，实现农业信息社会全省覆盖。

四是建设安全便捷的智能社会。《实施意见》提出，提供方便快捷的智能服务，主要包括：建设智能校园；开发在线学习教育平台；将 3D 打印、VR、AR、MR（虚拟现实、增强现实、混合现实）技术与技能教育和培训相结合，提供精确的教育服务；构建吉林省智能医疗创新平台等。推进社会治理智能化，主要包括：促进人工智能在证据收集和案件分析等方面的应用；实现吉林省交通基础设施的全面数字化和智能化；实现吉林省生态环境监测数据的互联互通；促进吉林省安全产品的智能化、集约化和网络化；实现吉林省自然灾害智能传感技术的开发和改造升级等。

五是加强人工智能领域军民融合。《实施意见》提出，鼓励吉林省优势科研力量积极参与到国防领域人工智能重大科技创新任务中，改造精密仪器设备、航空、战术车辆、智能设备，大力开展基础工程、特色食品产品，重点发展七大民营一体化产业。

六是积极推进安全高效的智能化基础设施体系。《实施意见》提出，积极参与网络基础设施、大数据基础设施和高性能计算基础设施。积极参与5G增强技术的研发和应用，开发支持智能工业互联网，建立无驾驶员车辆网络等综合信息网络，促进空间信息网络和移动通信网络的全面整合。利用吉林省的云计算数据中心，为人工智能研发和各种应用提供数据支持。

2. 人工智能产业稳步推进

当前，全国各地政府相关部门已经充分认识到人工智能产业发展的重要性，并且积极采取措施推进人工智能产业稳步发展。

以吉林省推进人工智能产业发展为例：一是推动吉林省人工智能技术研发及产业化。吉林省政府相关部门逐步加大对人工智能技术研发和产业化的扶持力度，已投资5 500万元支持"大数据与移动互联网时代快速知识共享系统的研发与应用"等近五十个科研开发和产业化项目。2017年，吉林省科技厅会同省工信厅和省财政厅联合印发了《吉林省科技小巨人企业扶持管理办法》，支持科技创新发展。吉林省积极开展长春遥感卫星与航天信息产业园、福耀集团长春有限公司汽车前齿轮玻璃压机生产线的智能化改造。二是建立一批吉林省人工智能产学研协同创新平台。

(四)各地积极布局云计算产业发展

数字经济产业合作过程中，需要有良好的云计算数据中心网络作为重要支撑。我国各地正在积极布局云计算产业发展。

1. 云计算产业发展依据明确

根据国家推进新型工业化、数据中心等云计算基础设施布局的总体部署，各地政府相关部门正在加紧制定相关措施，布局本地云计算产业发展。

以吉林省布局云计算产业发展为例：2015 年 6 月 3 日，吉林省政府发布了《促进吉林省云计算创新发展培育信息产业新业态的实施意见》（以下简称《意见》）。一是初步建成了通信网络基础设施，满足了吉林省云计算的发展需要。《意见》指出，要引导骨干龙头企业，创新服务模式和服务内容，到 2017 年，在重点领域初步形成安全保障有利，服务创新、技术创新和管理创新协同推进的云计算发展格局，云计算成为促进吉林省创新发展和转型升级的新动力。《意见》提出要建设完善东北卓越云计算中心等 30 个云计算中心；完善通信发展政策环境，加快推进通信网络建设，初步建成满足云计算发展需求的通信网络基础设施。二是提高吉林省云计算服务功能。《意见》提出，要大力提升政府管理、民生服务、云计算服务功能的产业升级，培育具有强大服务能力的奇明、软通动力等云服务企业，实现云服务规模化的商业运营。三是吉林省云计算业务应用迅速扩展。《意见》提出，在吉林省初步建立基于云计算的业务系统，并且在吉林省汽车、农产品深加工和医药健康等重点产业中建立基于云计算的业务系统，吉林省广大中小微企业和互联网用户在创新应用过程中广泛应用云计算服务。

2. 云计算产业生态初步建立

经过近几年的布局发展，我国多个地区已经初步建立了云计算产业生态。以吉林省建立的云计算产业生态为例：吉林省已经建立了吉林（中国联通）云数据库、吉林数据灾害应急中心等六个大中型数据中心和东北卓越云等十余个小型数据中心，上述数据中心共计具备 10 万台服务器存储规模，为吉林省经济社会发展提供了重要的推动作用。

三、产业数字化发展情况

本章分别从制造业数据化、农业数字化和服务业数字化展开产业数字化发展情况的分析。

(一)制造业数字化

1. 政府政策支持力度大

各地政府的高度重视是制造业数字化迅速发展的主要动力。以吉林省政府部门支持产业数字化发展政策为例:2013 年,吉林省就出台并实施了信息化与工业化深度融合专项行动计划,2016 年吉林省人民政府办公室也发布了关于深化制造业与互联网融合发展的实施意见,对吉林制造业和互联网发展作出了引导与促进。2020 年,按照吉林省委、省政府"数字吉林省"的建设战略部署,为推动新一代信息技术与实体经济的深入融合,加速推动制造业数字化转型,省工信厅出台了《吉林省工业和信息化厅关于促进制造业数字化转型的指导意见》。2021 年,通过《吉林省制造业数字化发展"十四五"规划》,明确了现代制造业领域信息互联网数字化的指导思想,"以推动现代工业领域新型互联网现代信息化建设和现代制造业领域融合健康蓬勃发展为主线,以智慧制造业领域蓬勃发展为首攻方向,以现代制造业领域互联网平台建设应用为突破口,以扩大信息融合应用广度和深度、繁荣信息融合健康蓬勃发展的生态体系为着力点,建设以数据信息驱动、应用软件定义、网络平台承载、业务增长、智慧服务引领的现代化信息工业体系,全力推动现代制造业领域数字化转型升级,推动高质量经济蓬勃发展"。

2. 制造业数字化规模扩大

我国是制造业大国,制造业发展较好,规模较大,实力较强,为制造业数字化提供了较强的基础,不断推动新一代信息化技术和制造业的深化融合,积极打造产品全生命周期智能制造体系,制造业数字化规模逐步扩大。

以吉林省制造业数字化规模发展情况为例。截至 2020 年年末,工业 App突破 2 000 个,工业互联平台服务企业超万家。可见,以智能制造为主攻方向,以工业互联网平台建设应用为突破口的制造业数字化是吉林省数字经济发展的主攻方向。

3. 工业互联网平台企业实力较强

我国多地工业互联网平台建设行动速度较快,从发展工业互联网的开始阶段迈向了发展阶段,转型步伐也在不断推进中。

以吉林省工业互联网平台企业实力情况为例:全省有 9 家公司被列为国

家智能制造系统解决方案提供商，通化建新"镍铁合金综合集成总承包核心系统解决方案-服务型制造示范项目"被列入国家示范性工程项目。同时，积极推进了吉林省产业科技研究所等一大批新型产业科技研究与成果专业化平台的建设，已培育了国家小微企创业创新示范基地 11 个、省级企业创新育成基地 327 个。

4. 制造业企业数字化水平不一

在各地政府部门的高度重视和积极推动下，各地各行业都已开始行动，在生产、经营过程中开始大量采用数字技术。在一些规模较大、实力较强的大型制造业企业，数字化技术应用较快，探索较多，走在全国的前列。

以吉林省制造业企业数字化发展情况为例：中车长客更是确定了"技术创新、正向设计"的科技发展路径，持续增强技术实力与创新能力。形成了适应我国轨道交通装备科技发展趋势的创新管理体系，并形成了面向整个企业科技链条的技术开发能力、面向整个行业服务（产品）链条的技术开发能力，以及面向整个企业生命周期创新保障的能力。

(二)农业数字化

农业数字化就是要建立由数字信息技术支持的现代农产品营销管理体系，推动数字信息技术与现代农产品制造、加工、物流、营销、售后服务等行业操作环节融为一体，以促进我国农业产前、产中、产后生产环节的短链化和农业产业治理结构优化。发展以数据为关键要素，以互联网、物联网、智联网为主要载体，以大数据、云计算、区块链等技术为主要创新推动力的数字农业，对构建数字中国，打造农业数字文化产业聚集区，率先完成中国农业现代化，具有重大的现实和历史意义。为此，我国非常重视农业数字化发展，多地政府相关部门纷纷制定相关鼓励措施，促进当地农业数字化发展。

以吉林省为例：吉林省农业农村厅印发《实施数字农业创新工程推动农业高质量发展的实施意见》，明确提出大力开展数字农业技术创新工程建设，加速推进吉林数字农业建设，以数字化技术推进农业乡村现代化，助力推动乡村振兴。到 2025 年，吉林省现代农业乡村基础数据资源体系初步形成，将数字信息技术与现代农业产业体系、产品体系、运营系统等深入融合，农业农村产业数字化和数字工业化水平显著提高，吉林省数字农业建设已取得了初步成效。

1. 建设数字农业云平台

吉林省为农业大省，农业农村信息化工程开始于2000年，历经了二十余年的发展，在吉林省已相继建立了23个服务于"三农"的技术应用系统和网络平台。为促进吉林省农业农村生产经营主体向数字化转变，进一步增强农业农村综合治理实力，为广大农户提供精准的信息化服务，吉林省农业农村厅通过有机整合物联网、农业卫星遥感、测土配方、墒情检测、智能农机、农业数字化营销主体、农产品产销对接、12316/12582农业公共信息服务、信息技术进村入户服务等多系统的大数据资源，构建了采用云端架构与技术开发，面向农业生产、经营、管理、公共服务领域应用的吉林数字农业云平台(以下简称云平台)，有效实现了吉林省农业农村信息化与现有平台的大数据融通共享、叠加分析与应用。为扩大农业云平台服务覆盖范围，2020年年初，以长春市双阳区为试点进行的县级数字农业新农村建设项目，获得良好的示范效应。

2. 扩能升级信息综合服务

着眼于"互联网＋"农业发展，紧密跟进技术更新与换代，构建了12316/12582农村综合信息平台。利用语音、短信、电视、广播、直播、短视频、视频连线等现代技术手段，面向农业经营主和全体农民开展种养殖技术、政策措施法规、物价走势、就业等服务，有效地缓解了农民买难、卖难、资讯难、办事难等各种信息不对称的难题。截至2020年年末，已累计接听村民的各种咨询求助来电1 700万个，平均推送消息15亿条次。为了便于农民和各类主体应用，提高农户的幸福感指数，吉林省政府推出了"吉农码"手机应用客户端，为每位农民提供线上的农村生产资料直购、农业产销互动、农村专家远程服务、农民网上看病、农村金融数据网贷、服务对接、农民在线培训等业务服务，让农户分享农业现代文明成果，从而提升农户的满足感。

3. 实施信息进村入户工程

2018年，吉林省被中国农业农村部定为全国信息进村到户工程建设国家整省推进的示范省份。信息进村到户工程建设是中国数字农业农村的重要基础工程项目，建立的村级益农信息社是对农户公共服务的基层站点，是政府部门和农户之间的数字化公共服务渠道。截至 2020 年年底，已建立了全国统一的农村信息进村到户公共服务网络平台，12 个市（州）级、36 个县（市）区一级的管理服务网络平台；在全省率先实施了农户云服务计划，已完成农户手机终端个性化、订制化的业务应用；建立"六有"益农信息合作社 8004 个，涵盖了全国 85% 以上的农村村屯，注册农户约 49 万人，已开展的公益服务、便民服务、商务服务、培训体验等业务逾千万人次，使农村的数字化红利惠及近千万农户。

4. 推广数字技术应用

充分运用现代技术，试点建立农产品物联网技术应用服务平台，系统研究了农业数据管理、视频分析、作业大数据信息收集和分析等的应用模式；在全国第一个建立农业卫星遥感技术应用网络平台，完成了农产品长势情况和农产品环境因素统计分析的试验研究；建立了数字农业农村经营主体信息管理公共服务网络平台，进行了农产品生产、营销、信息管理与咨询服务等信息数字化运用的试点；建立了农产品产销信息互动公共服务网络平台，建设了全省乡村农产品供应商和采购商间数字化交易信息的互动咨询服务；建立了数字乡村休闲农业（乡村游）公共服务网络平台，完成了乡村休闲农业市场主体信息数字化信息管理运营业务的试点应用；建立了乡村生产机械化的智慧云平台，完成了农机生产定位追踪、生产作业监督、作业服务衔接、调度指导、大数据分析、生产作业补助成本核算等相关方面的业务工作。

5. 培育数字农业新动能

近年来，政府为扩大数字农村的支撑力量，吸纳了通信、金融、保险、科研机构、高校、社区服务组织等社会资源，建立了数字农业与农村公共服务联盟，以进行资源融合、跨界互动、融合服务。数字农业云平台应用了数字农业云平台 22 项工具，系统融合了包括物联网、电商等在内的 5 套第三方应用系统，形成了包括玉米产业、鹿业、信息进村入户等在内的 9 项分析主题，服务了合作社用户 3 000 家、涉农企事业单位 700 多家，农户 1 200 万人建立了省、市、县、乡、村 5 级数据共享公用体系。2019 年 1 月 10 日，为推动"数字吉林"重大工程建设，吉林省政府和中国移动通信集团公司在长春市签订了战略合作协议书。2019 年 9 月，中国移动以云平台为基础，在全省建设了国内首个农业农村数字化服务综合应用示范基地。至2020年下半年，信息进村到户工程加大服务资源引进力度，并积极与国际金融保险服务机构合作，在试点县区成功实施了农村数据网贷服务和数字保险业务。

(三)服务业数字化

服务业数字化是传统服务体验模式、交付模式和商业模式创新，使得服务业具备技术含量高、劳动生产率增长快、规模经济显著等特性。以"新基建"为重要支撑，互联网平台通过利用数据这个关键生产要素，运用数字技术有效解决服务的同步性、不可存储性和不可交易性，推动服务数字化。服务业向数字化转型的脚步也日益推进，主要形态包括以本地生活为特征的数字生活服务，以制造强国为目标的数字生产服务，以优化营商环境为重点的数字公共服务。

受行业属性影响，传统服务业更容易实现数字化转变。但制造业实现数字化转变的困难很大，2019年中国制造业数字经营渗透率约为23.5%；农村进行农业数字化转变的制约因素更多，2019年农村数字经济渗透率仅为7.5%，全国其他服务业数字经济渗透率已超过39.4%。

以吉林省服务业数字化发展情况为例：吉林省将进一步深入贯彻习近平总书记视察吉林重要讲话重要指示精神，实施"一主六双"的高质量发展战略，把服务业作为重要经济增长点和结构调整的突破口，加快推动服务业发展提速、比重提高、品质提高，持续推进农村现代化服务业数字化。

1. 以本地生活为特征的数字生活服务加速发展

吉林省数字生活服务发展较快，体现在以下几个方面。一是本地生活服务线上化，服务效率大幅提升。疫情也加快了行业线上化的进度，本土商户也加快向数字化转变，消费者对外卖等生活服务网络平台的应用意愿也明显提高。二是本地生活服务新业态、新模式、新场景不断涌现。如直播带货等新业态发展迅猛。2020年，本地生活服务业的"触网直播"商家在近半年内增长约20倍，互联网上各大文字短视频以及社会化电商、新内容等电子商务平台，网红经济对吉林的特色产业、优势产业、精选资源的示范和传播红利，正在持续绽放。三是本地生活服务行业正在逐步产生新的人群消费趋势，95后正在成为本地生活消费主要群体。四是通过创新场景联动革新应用体验，利用各类数字化技术场景交互结合所创造的生态价值红利，让应用者不断革新体验，让正在数字化技术跑道上驰骋的本土社会生活行业集体加速。欧亚集团是国家大型商业企业，由供应传统产品向以提供服务为核心的现代业态转变，成功打造了欧亚超市连锁微商城，公司也由传统零售商向数字化服务业转变。2019 年连锁微商城实现主营业务收入 99 亿，保持在国内企业前十位。

2. 以制造强国为目标的数字生产服务快速发展

生产服务业作为其他商品和服务生产的中间投入服务，具有产业关联度高、创新力强、涉及面广等特点，是推动制造业转型升级的重要力量。生产性业务包括为工业生产活动所提供的开发设计和其他信息技术咨询服务，货物运输、通用航空生产、仓储与邮政速递业务，信息技术服务，金融服务，节能和环境保护服务，生产性租赁服务，商业服务，人力资源管理和职业教育培训服务，商品批发和贸易经纪代理服务以及生产性技术支持等服务。生产服务业与制造业的关系正从"需求依附"到"相互支撑"再到"发展引领"，是我国从制造大国向制造强国转变的关键力量。以制造强国为目标的数字生产服务，推动智能制造补齐制造业的短板。一方面，吉林省加快生产服务业与制造业的融合，深化劳动专业化分工，提升企业生产效率。吉林的生产型服务业很多早已从传统工业中剥离，完成了反哺工业的任务。而吉林鼎基电力设备工程公司就是通过类似的企业"保姆"，完成了由提供产品向信息系统方案服务商的转变。鼎基公司原来是一家汽车动力系统的设计制造公司，但后来转而为汽车能源领域提供科技咨询服务。2022 年北京冬奥会，中车长客股份公司研制的京张高铁智能动车组首次实现了时速 350 公里的自动驾驶，首次采用中国北斗卫星导航体系。另一方面，数字生产服务创造出更多产品价值，提升制造业竞争力。吉林省大力支持华为、科大讯飞等网络公司与我国汽车产业的深入融合，推动传统工业和数字经济的融合发展，促进我国汽车企业的现代化、网联化、信息共享化。在 2018 年，启动兴建的红旗智能汽车绿色小镇，从设计到开发、制造、服务等方面加快了信息化建设，与我国汽车文化有效融合。

3. 以优化营商环境为重点的数字公共服务不断提升

数字技术赋能公共服务，优化数字经济营商环境。在供应链端，利用数字技术创新服务模式，促进生产流程优化，以数据的流通与共享化解审批事务的繁难，推行政务服务"一网通办"，精准匹配政务服务供求，让公共服务更有温度。在需求端，公共服务在线化、数字化降低制度性交易成本，让群众办事更加舒心。随着数字技术和政府事务的深度融合，政府政务服务事项受理方式正由"网上办"走向"掌上办"，并不断优化了营商环境，为公众提供更为快捷、便利、高效的公共服务。数字公共服务已成为推进市场监管现代化的"关键一招"，以数字化变革引领全面深化改革，大力推行数字化市场监管，建立以诚信运营为基石的新型市场监管制度，营建了真诚守信、合规运营的良好市场发展环境。在社会监督管理领域营造新型"亲""清"政商关系，"监管中体现服务、服务中加强监管"，实现了从重管理向重服务转化、从重处罚向重引导转化。数字服务将为数字经济社会发展创造多元化使用场景，既解决了数字经济新技术、新产业、新管理模式运用落地实施的基础建设要求，又解决了经济社会发展、社会管理、为人民服务等重要领域中的痛点、难点、堵点问题。

四、数字化治理发展情况

(一)形成基础设施的集约化硬件保障

一是为自用基础设施与共享基础设施提供安全保障。根据各行业部门基础设施建设情况，改善基础设施重复采购、分散建设、各自为政的无序状态，最大的限度地避免政府资源浪费。

二是统筹新建基础设施采购事项。由于各地区在生产经营过程中亟须必要的基础设施作为支撑条件，各地区政府及相关部门需要进一步加强落实基础设施建设采购单位责任，明确各项基础设施建设采购需求的明确性、合理性、合规性。在基础设施建设采购方面，政府相关部门需要建立全覆盖式的内部控制制度，并且对相关采购过程采取全过程性内部监督管理，同时分配给专业人员操作，以确保基础设施采购的专业性。

三是加强基础设施的运营与维护。在采购基础设施的过程中，政府部门可以选择下列两种方式：运维外包方式和独立运维方式。运维外包，主要是政府相关部门允许专业性的企业通过购买服务开展运维工作，以保证所采购的基础设施能够顺畅地运行。独立运维，主要是对于那些拥有优秀的专业技术的政府部门，其内部人员就能够对所采购的基础设施开展运维工作。

（二）形成高效立体化的政府数据整合系统

以纵向视角看，首先是建立政府的门户网站"云平台"；其次是对各个省级部门、市、县（区）政府的门户网站进行访问，并限期迁移至平台；最后是各级政府办公厅（办）负责分级整合，向下延伸，将同级政府各职能部门网站整合到政府门户网站中。

以横向视角来，一是以"减存量、控增量"作为基本原则，各级政府相关部门需要加快清理并且整合各个分散的、独立的信息系统，并且对各个信息系统的关闭工作开展规范性指导工作。特别是要重点关注整合基层的政府门户网站，如相关县级部门和乡镇街道等，上述网站对运营的支持较弱。二是各级政府有责任消除同级职能部门独立工作的旧有理念，树立并且强化相关政府部门对数据共享的观念意识。三是要建立一套数据收集与使用的规范性标准，明确统一的数据索引口径和数据存储格式，确保相关数据能够进行实时更新、无障碍转换与有效利用，进而实现从数据孤岛向数据互联共享的转变。

（三）建立共建共治共享的数字平台治理结构

在建设数字型政府的过程中，政府相关部门需要加大力度推动各类实体参与到数据传播、数据共享、工具支持、应用创新、经验共享等领域。随着政府服务数字化进程的不断深入，社保、教育、医疗、生活支付等多种服务App 不断涌现，政府部门也可以在个人数据和敏感数据均有安全保障的基础上，与相关的互联网企业达成协作共识，由双方共同完善各类数字平台的建设。在具体建设过程中，构建以政府机构、社会组织、私营部门和公民为服务对象的商业体系，逐步整合政府信息与重大社会数据，形成共建、治理、共享的数字平台治理结构。

（四）形成智慧化的政府决策机制

一是全面建设政府相关部门的枢纽决策化系统。各个政府相关部门的决策者们能够运用云计算平台的优势资源,搜索并且利用相关的关键词,进而快速精准识别重要的政府信息,有效过滤无用信息,避免海量信息造成的不必要的干扰。

二是全面建设政府相关部门的决策咨询系统。各个政府相关部门能够运用大数据、物联网等新技术优势资源,有效发挥其决策,进一步引导政府决策咨询系更好地、更快速地实现预警纠错与自动应急预警的功能,实时监控整个管理过程,有助于提高政府相关部门的决策过程的科学性和可行性。

(五)形成数字化的软件层建设

建设数字政府,不仅要以大数据、关键词分析等技术为依托,还需提升数字政府建设的"情感温度"。充分重视网络情感监测能力的提升,也应学会借助网络倾听、识别舆论走向,提高对现实症结的反思能力。同时,还应善于运用新型数字化媒体的宣传方式,发挥社会正向情感引导与负面社会情感疏导的职能,更好地推动自治与共治相结合,形成完善的网络安全规制能力,这样才真正地发挥数字政府的作用。各地政府部门要强化顶层设计,将用户的亲身体验作为其行动指南,进一步完善各项相关制度,以助力数字政府相关应用软件建设更加标准化,并确保开发的软件能够"在线"和"集中"。通过评估机制整合和移除,提高政府数字化进程的质量。

五、数字化基础设施发展情况

2022年,我国通信业深入贯彻党的二十大精神,坚决落实党中央国务院重要决策部署,全力推进网络强国和数字中国建设,着力深化数字经济与实体经济融合,5G、千兆光网等新型信息基础设施建设取得新进展,各项应用普及全面加速,为打造数字经济新优势、增强经济发展新动能提供有力支撑。新型数字基础设施不仅包括5G网络、大数据中心、物联网,同时也包含区块链、人工智能等新技术。有效利用新一代信息技术对传统行业进行数字化、智能化、绿色化转变与升级是打造"数字中国"的重要举措。通过全新的数字化智能技术体系在不同产业上的应用,衍生出了大量的新兴产业,打造了全新的行业生态体系。

（一）5G 网络

我国大力推进 5G 基础设施建设工程，已于 2020 年，建成全国 5G 公共移动通信基站 7500 个左右，基本完成全国地级市 5G 网络系统覆盖范围，预计到 2025 年，基本完成全国县域内乡镇一级 5G 网络系统覆盖范围。进一步开展通信基础设施建设工程，统筹推动城市数字基础设施建设，大力发展信息通信、广电联网，不断健全城市基础公共移动互联网和光缆宽带接入网络覆盖能力，推动千兆宽带网络到户建设，逐步实现全国各地主要城区达到按需求连接千兆光缆宽带网络的能力。开展数字政府基础设施建设工程，进一步构筑大数据服务系统，重点发展虚拟现实、人工智能、农业物联网等重要数字基础设施，落实了移动企业政企云、吉视传媒的农业物联网和农业大数据分析网络平台、中新食品园区数字政府设施及配套工程、通化市智能康养云等重大建设项目。

通信行业发展运行平稳，用户普及率明显提高。经初步核算，2022 年电信业务收入累计完成 1.58 万亿元，比上年增长 8％。按照上年价格计算的电信业务总量达 1.75 万亿元，同比增长 21.3％。2022 年，完成移动数据流量业务收入 6 397 亿元，比上年增长 0.3％，在电信业务收入中占比由上年的 43.4％下降至 40.5％，拉动电信业务收入增长 0.1 个百分点。数据中心、云计算、大数据、物联网等新兴业务快速发展，2022 年共完成业务收入 3 072 亿元，比上年增长 32.4％，在电信业务收入中占比由上年的 16.1％提升至 19.4％，拉动电信业务收入增长 5.1 个百分点。其中，数据中心、云计算、大数据、物联网业务比上年分别增长 11.5％、118.2％、58％和 24.7％。截至 2022 年年底，三家基础电信企业的固定互联网宽带接入用户总数达 5.9 亿户，全年净增 5 386 万户。其中，100Mbps 及以上接入速率的用户为 5.54 亿户，全年净增 5 513 万户，占总用户数的 93.9％，占比较上年末提高 0.8 个百分点；1 000 Mbps 及以上接入速率的用户为 9175 万户，全年净增 5 716 万户，占总用户数的 15.6％，占比较上年末提高 9.1 个百分点。

流量业务高速发展，新业务新应用加快培育。以吉林省流量业务发展为例："十三五"末，吉林省移动互联网接入流量达 28.2 亿 GB，是"十二五"末的 21 倍。非话业务收入占电信业务总收入比例达到 86.1％，比"十二五"末提升了18个百分点。在城市管理、便民生活等领域的物联网服务规模迅速扩大，物联网终端用户数量达到903.7万家，增速在全省排名第十四位，物联网终端总接入流量2 757万GB，在全省排名第十五位。三大5G联合创新中心落地长春，围绕智能网联汽车、智慧医疗、新媒体传播等领域开展5G创新应用实践。5G技术在吉林冰雪节、2019年春晚长春分会场、东北亚博览会、长春市国际马拉松赛事等省内重大活动中应用实践。

基础设施筑牢夯实，通信能力提档升级。移动网络建设升级，行政村及乡镇以上地区4G网络全覆盖，5G基站建设顺利推进。固定互联网宽带接入服务持续在农村地区加快普及，截至2022年年底，全国农村宽带用户总数达1.76亿户，全年净增1 862万户，比上年增长11.8%，增速较城市宽带用户高2.5个百分点。

全面推进电信普遍服务，推动城乡均衡发展。开展6批电信普遍服务试点，实现全部行政村通光纤宽带，全省行政村、贫困村4G网络基本覆盖。以吉林省推进电信普遍服务为例：吉林省解决了延边、通化、长白山等边界东延线地处偏僻、建设困难、审批难等难题，并完成了全省边界人员聚居区域、口岸、0～3千米边界公路的4G信号基本覆盖，边境地区4G网络高质量覆盖实现历史性跨越。"推动吉林省农村宽带网络跨越式发展"（电信普遍服务试点项目工程）被中央网信办评为"全国网络扶贫十大经典案例"。降费释放网络红利，有效助力扶贫攻坚。"十二五"末，吉林省手机流量资费为3.2元/G，比国内资费平均水平低20%，而移动流量资费为2.7元/G，在全国排名第3位（按照资费由低到高排名），比国内资费平均水平低28.9%。大幅让利全省中小企业，宽带资费下调幅度超额完成《政府工作报告》要求。面向贫困用户开展网络扶贫精准降费，共惠及42 778个贫困户。顺利推进了光纤网络覆盖全省的中小学校（含教学点）、远程医学服务网络乡村卫生所的全面覆盖等重大工程。

推动工业互联网发展，赋能生产作用初显。促进电信公司积极推进面向工业网络的骨干网络升级，对固定宽带网络实施升级改造，以适应中小企业的高质量宽带接入需要。面向重要企业、主要产业园，积极推动新型工业无线网络升级和建设，以解决大型工业装置连接和少时延、高安全、广覆盖的物联网要求。中国一汽实施"工业互联网创新发展工程"和"5G＋工业互联网"等综合技术创新应用试验示范工程项目。

网络安全防护稳步增强，应急通信保障能力提高。落实用户登记实名制，防范打击电信网络诈骗。网络安全行政检查、互联网网站安全专项整治、网络黑色产业链治理、移动恶意程序治理等多起专项行动有序进行。强化技术手段建设，实施企业安全状况感知平台、公司资产安全管控平台、IMS系统等建设升级。指导电信和互联网企业做好定级备案、符合性评测、风险评估。通过"实战演练＋桌面推演"相结合的方法，进行了互联网安全的应对演习，完善了紧急通信管理体系。以吉林省网络安全防护措施为例：吉林省建立了《吉林省重大通信网络事故应急指挥部工作案》。进行5G应急通信、卫星通信装置使用等科目的紧急通讯训练。针对吉林省汛情特点，加强与气象、防汛等部门联络对接，及时妥善应对台风、暴雪冰冻灾害等突发自然灾害。圆满完成了中国东北亚博览会、汽博会、国际农博会等重大社会活动的应急服务保障工作。

新型数字基础设施能力显著增强。5G网络将实现城市和乡村的全部覆盖、乡镇按需要基本覆盖、重要应用场深度覆盖，千兆光纤网络实现城市的基本覆盖。以吉林省新型数字基础设施为例：吉林省骨干网承载能力向更高阶拓展，长春国际互联网数据专用通道建成使用，国际通信水平显著提升。智能算力设施布局合理，数据存储、计算、处理能力与数据资源利用效率全面提升。工业互联基础设施筑牢夯实，逐步建立标识解析制度，最终建立工业互联和先进工业技术深度融合的现代化工业体系。人工智能、区块链等新技术基础设施部署超前，行业绿色发展和共建共享进一步深化。

5G加速推动各地区产业的变革升级。通过5G应用与工业技术的深入融合发展，将促进行业网络化、数字化、智能化的发展趋势，为中国传统制造业赋能，加速中国传统制造业的换挡提速，通过智慧制造业、智慧旅游、智慧农村、智能交通运输等为各地产业高质量发展带来巨大助力。同时通过5G技术和物联网、人工智能、云计算等新兴科技的紧密融入与创新驱动，进一步孕育新业态、新行业和新模式，促进了数字化发展步入快车道，以新动能推动新发展。以吉林省为例：在中国移动5G网络助力下，吉林省已实现了全省首次的5G+医学远程手术和远程外科。中国移动吉林有限公司联手全省重点的三甲医院、专科医院,联合创建5G智能医疗实验区,并在远程高清问诊、5G教育、5G影像质量监控、5G云医疗、专家VR查房、5G急救车等多方位开展技术应用协作。一汽集团和中国移动吉林有限公司共同部署并实施了"321"工程。智能网联汽车示范区、智能网联汽车体验区的5G核心基站均已全面启用,并已形成了L3/L4级别的自主驾驶车基本上网环境。吉林联通5G用户渗透率全国领先,2021年上半年,中国联通5G套餐用户净增4 250万户,渗透率达到36.5%,处于行业领先位置。吉林联通在5G发展中取得重大突破,吉林联通5G用户渗透率全国领先,5G用户数持续提升,有效提高吉林联通用户的ARPU值,有效促进公司整体收入水平进一步提升。吉林联通千兆宽带接入能力已覆盖全省9市州、40个县、630多个乡镇;5G建设也实现省内9地市主城区连续覆盖,5G用户渗透率全国排名领先,在北方十省中占据重要地位。在2021年三大运营商发布的年中业绩报告中可以看到,在5G用户渗透率的指标中,中国联通一直处于领先。同时吉林联通不仅推动既有住宅小区、商务楼宇、产业园区等场景的千兆网络升级改造,在长春等地区开展"千兆示范小区"试点工作,同时还在积极部署和开展5G高校迎新工作,试图在固网和移动网两个市场继续有所突破。

　　吉林移动打造12处5G示范区助推场景应用。作为吉林省内主要的通信运营商,移动5G网络建设始终处于领先地位,吉林移动始终致力于5G应用场景的探索,挖掘5G在各行业中的关键作用,树立在5G网络建设中的行业标杆。吉林移动在全省范围内建设示范区及示范场景,使吉林5G建设成果得到实践与展现。先后打造了长春市人民大街示范区、吉林市丰满片区、延吉市城区标杆区、四平市精品网、白城市中心城区、辽源市龙山区、白山市八道江片区等7处示范区,并在长春市、白城市、延吉市、松原市、辽源市5座城市打造了12处示范场景。12处示范场景分别位于长春欧亚卖场、长春一汽NBD、长春市吉林移动灵犀展厅、长春吉大双创基地、长春世界雕塑公园、长春吉林大学南岭校区、长春市吉林移动智慧政企展示厅和白城市中心高铁站、延吉市美食街、松原市成吉思汗景区、松原市站前居民区、辽源市南部新城大学城。在标杆区域峰值体验速率可达到1Gbps,让移动通信全面迈入

"Gbps 级"时代。5G 能力体系已初步建立，进一步树立业界领先形象。

(二)大数据平台

政企深度合作，全面推进大数据平台建设。推进大数据平台发展离不开基础设施的搭建，新型基础设施建设成为了传统行业经济转型、产业数字化升级的助推器。以吉林省大数据平台发展为例：自 2012 年启动新型智慧城市的建设工作以来，"数字吉林"建设在数字政府、智慧文旅、智慧农业、智慧交通等方面都取得了突出进展。一批重点数字基础设施项目建设也在省政务服务和数字化局的推动下相继落地，如净月未来城数据中心、吉林省能源大数据智慧中心等。

政务服务平台发展迅速。2020 年 11 月，吉林省人大常委会审议并通过了《吉林省促进大数据发展条例》，该条例自 2021 年 1 月 1 日起开始实施。目前，我国多地区陆续出台了大数据发展相关条例与地方性法规，吉林省也出台了大数据地方性法规。在《吉林省国民经济和社会发展第十四个五年规划和2035 年远景目标纲要》中，吉林省提出了"加快数字化发展，建设数字吉林"的根本任务。在"以数字政府建设为先导，推动'数字吉林'"的建设中，涌现出一批优秀的大数据政务服务基础设施平台。

省市共同建设"数字政务"。吉林省省级政务信息化服务项目中的统一电子印章、云视讯会议系统等功能已经正式在线运行，长春市"城市大脑"项目已完成城市云和部分系统平台、应用场景建设；白城市电子政务外网项目已完成洮北、大安等各接入单位网络安全设备安装；梅河口市教育资源公共服务平台已投入使用；白山市城市综合管理服务平台已完成软件信息系统在市政务云平台上部署。

"智慧交通"全面铺设。2021 年，吉林省"智慧交通"取得了很大成绩。"村村通"客车实时动态监控系统投入使用，二级以上客运站全面实现了联网售票、退票；新增公铁联运线路 2 条，推进多式联运发展；吉高物流等 4 户国家级无车承运人试点单位，规范开展了无车承运业务；"吉林省智能化高速公路示范工程"作为国家智慧公路项目已投入开展建设，高速公路电子不停车收费系统(ETC)实现了省市道路全覆盖；国家智能网联汽车应用(北方)示范区目前已经正式启动运行。

助力传统产业升级转型。"新基建"的发展可以有效调节产业结构、帮助传统产业升级转型，在此过程中不断发掘和创造新的机会，完成财富的公平重新分配，降低经济对固有产业或固有经济模式的过度依赖。大数据平台作为基础设施建设之一，提高了相关事务的办事效率、为产业数字化转型提供了多方位支持与信息化服务。2021年，吉林省建立的交管大数据中心，克服了信息共享难题、实现了交通风险预测、拓宽了交通违法取证途径、解决了业务监管等难题；吉林省能源大数据中心网上注册用户已达200万，线上相关业务普及率逐年提高，常用办电业务均可以在平台中心完成。"网上办、零证办"成为办电业务新常态；吉林祥云公司统筹建设的全省工程建设项目审批管理系统荣获中国信息协会颁发的最高奖项"2020政府信息化卓越成就奖"。在住建部历次月通报中信息系统建设、数据资源共享评价指数综合排序均居全国第一位。建设的信息资源数据共享交换平台入选国务院《2020年深化"放管服"改革优化营商环境经典型经验100例》，获得了国家各部门的认可；"东北生态大数据中心"实现生态资源业务的纵向管控，加强了宏观决策能力。通过政府与社会各行业领军企业的深度合作，吸引了更多社会资本投资林业建设，降低了中央财政以及各企业的财政负担。大数据资源平台、智慧政务等信息基础设施的建设，5G网络建设覆盖，人工智能与工业物联网的发展，形成了新兴的产业群。以新技术、新产业、新业态使社会运行数字化、网络化、智能化，推动了"数字吉林"的发展。

加快数据中心搭建速度。近年来，吉林省不断加强与一汽集团、吉林祥云信息技术有限公司、中国联通公司、中国移动公司等多家公司的合作。加快建设通化市智慧健康养老服务云平台、吉林省能源大数据中心等项目。以"吉林祥云"为支撑，推动吉林市、松原市、四平市、通化市等地区加强数据应用领域的探索和建设。

（三）人工智能

随着各地政府认识到人工智能的重要性，各地纷纷建设大数据产业园区，与多平台企业合作实施重大项目，积极促进企业数字化和智能化，采取措施推动产业数字化转型发展，推进数字经济与实体经济的深度融合等。以吉林省人工智能发展情况为例：

一是积极建设大数据产业园区。吉林省打造了测绘地理信息产业孵化基地，引进北斗天绘和上海华测等 30 余家企业；建设了浪潮大数据产业园，浪潮集团与省外 26 家企业达成合作协议，同时国大数据和中世北斗等企业已入驻浪潮一期小综合馆。为运行航天信息应用综合服务平台，建设了长春航天信息产业园。吉林省在科技资源方面优势突出，不仅大中型企业有发展实力，还有 62 所国家和省属大学，50 多个省科研院所，为建设"数字吉林"奠定了基础。长春光机所拥有最高 1.5 亿分辨率像素的 CMOS 图像传感器。长春理工大学已经能够测量 0.5 微米的微小零件。省科技厅重点支持了人工智能基础理论研究相关课题。

二是与多平台企业合作实施重大项目。为了发展吉林的大数据产业和经济，带动产业生态伙伴落地吉林，近几年吉林省与很多企业实施了一批重大项目，如华为公司、阿里巴巴集团、浪潮集团和腾讯公司等。吉林省组织新华三集团与省内企业对接，与浙江省进一步对口合作；在新华三集团与吉湾微电子的合作中，使用桌面云终端专用 CPU，做出了政务服务"一张网"云平台。为推进国家智能网联汽车建设，2016 年 11 月 1 日，工业和信息化部、吉林省人民政府在长春市举办"智能汽车与智慧交通专题研讨会"。工业和信息化部副部长怀进鹏、吉林省常务副省长高广滨出席了会议，并分别代表工业和信息化部、吉林省人民政府签署《工业和信息化部 吉林省人民政府关于基于宽带移动互联网的智能汽车与智慧交通应用示范合作框架协议》。实现测试示范功能的场景达到了 240 余个，关于云部署、高精地图、智能车评测、5G 等方案的二期项目正在被论证。

三是车联网领域。为了推动企业智能化和数字化，从工业 AR 技术、机器视觉和虚拟仿真平台入手，推动建设工业软件研究院。目前，在智能汽车方面，一汽集团旗下的奔腾 X80、红旗 H7 等车型，已拿到智能网联汽车道路测试牌照。吉林省在近几年积极将产业化带到人工智能技术研发领域，其中包括："可变分辨率、高性能线阵 CMOS 图像传感器的开发""大数据和移动互联时代的快速知识共享系统研究、开发与应用""智能汽车导航激光雷达技术研究"。吉林省政府为了扶持 149 户高新技术小巨人企业，投入资金高达4800 余万元。香港南港岛和北京燕房线已经开始运营的"GoA4 级国产无人驾驶地铁"均由坐落在长春的中车长客公司自主开发生产。在智能机器人生产线方面，长春三友汽车部件制造有限公司在轿车侧围轮罩总成部件年产达 35 万余件；在智能化技术改造方面，福耀集团长春公司汽车前挡玻璃压制连线生产线已经投入智能化改造线；春大正博凯汽车设备有限公司汽车侧围智能焊接生产线产业化；并且，长春市遥感卫星及应用航天信息产业园人工智能项目也在积极建设。

四是智能医疗领域建设稳步推进。在智能医疗领域，为建立医疗器械和新型人工智能技术结合的制造业技术创新，吉大一院、中国科学院医工所、亚泰公司等有关单位正进行新一代智能数字化病理分析和人工智能医学影像分析系统建设等相关方面的战略合作。吉林省东北亚大数据交易服务中心有限公司由东北证券和吉视传媒等公司联合组建，长光卫星与吉林大学等有关单位达成了初步合作意向，将重点构建"五个平台"（移动互联网数据汇聚、交易、共享与交换、支付与结算、服务平台），"二个中心"（战备级信息灾备中心、云数据中心），"两个中心"已正式投入运营，"五个平台"的建设工作也在稳步开展。

五是推动产业数字化转型发展。吉林省大力发展智慧文旅、智能农业、数字政府、智慧制造业等方面。中国高性能计算协同创新实验室由一汽集团与华为公司共同打造，这不仅支持一汽集团在中国汽车行业共享化、中国汽车行业网联化、中国汽车行业智能化领域的进一步探索，还支撑了一汽集团数字化的转型发展。中车长春轨道客车公司在促进制造业转型数字化发展上，建设的智能高铁已在北京 2022 年冬奥会使用。吉林省软件公司吉大正元、启明信息和东师理想等在细分业务方面处于国内领先者的地位，为吉林省软件与服务业收入稳步上升奠定基础。

六是大数据中心平台不断升级。吉林省充分利用能源与气候条件优势，为全省大数据行业的发展奠定了强有力的基础设施保障：积极推进大数据云计算等小型数据中心的建设与运作，极力推广软通动力集团、吉视传媒和中国电信运营商等省内外知名企业的布局，同时，IBM、阿里、浪潮、华为集团等企业还与吉林省达成合作，建立了云计算大数据中心。长春市建成东北亚区域信息消费中心、现代服务业支撑中心、大数据产业集聚中心、高端智能制造业支撑中心，使得长春市有效落地"四大产业中枢"发展战略，助力华为云计算大数据中心。已经完成机房建筑和大数据平台的机械检测设备装配管理工作并达到检测要求，过渡中心机房现已承担了十多家长春市直属部门的云服务行业。浪潮长春云计算大数据中心的建设项目基本完工，已经承担了智能汽开、智能经开、工业互联网服务平台、省警务云等公共服务应用。另外，依托云数据中心，与已有的政府部门云业务合作，全方位支持长春市的公共安全警务平台、情报云平台构建，共同为市长热线、公共资源信息交易平台、公众法律服务等多项政府部门业务体系的正常有效运转提供了巨大保障，并利用建设政务一体化大数据平台支持长春市的"一门式、一张网"政务服务应用。

七是推进数字经济与实体经济的深度融合。长春积极推进实体经济和数字经济深度融合，不断地借助新基建打造智慧城市，高质量发展社会经济。2020 年 5 月，吉林省成立长春数字经济产学研创新联盟，启明信息技术股份有限公司、吉林华微电子股份有限公司、吉林奥来德光电材料股份有限公司、长春希达电子技术有限公司、长光卫星技术有限公司以及长春理工大学、吉林大学、中科院长春光机所与华为公司等参加。一系列智慧应用在该生态圈中渐次崭露头角，启明信息联合华为推出"车路协同"的"车、路、网、云、图"解决方案，可应用于车辆安全测试、高速公路运营、精准公交以及全天候全路口感知。数字化浪潮正在重构汽车行业的产业生态、产品形态、消费方式。中国一汽联合华为打造出核心业务的数字化平台，推动企业众多核心系统的云化和集成，实现数据与服务的对接，快速响应业务需求变化，开启"智造"升级的新征程。

(四)物联网

我国物联网领域发展迅速，初步形成物联网农业基础设施建设规模化发展，智慧城市基础设施建设规模逐步扩大，物联网平台基础设施建设规模稳步增长，物联网连接数保持高速增长，两化融合的整体水平已迈向新台阶，工业互联网从概念普及走向实践运用，重点行业数字化转型加快推进，融合创业的新模式与新产业也不断出现，基础设施体系不断夯实，物联网连接数结构将发生改变，促进物联网技术、大数据和人工智能技术与实体经济深入融合，从而建立社会转型发展的新产业、新动能、新模式，成为我国数字经济蓬勃发展的重要增长点。以吉林省物联网发展情况为例。

一是物联网农业基础设施建设规模初步形成。截至 2021 年 1 月，吉林省物联网行业企业共有 305 家。吉林省将发挥地域优势，以"互联网＋"现代农业建设为重点，围绕"四化"（农村生产自动化、运营网络化、生产管控数据化和农业公共服务在线化）运动，加速推动农村信息化工程建设，已重点构建了涵盖语音、短信、手机 App、农业动植物生产远程视频服务和农业健康医疗等 17 个子网络平台内容的物联网农业综合信息服务平台。已在小麦、水稻、果蔬、畜牧产品等其他农产品领域建立了约 80 个农业物联网示范点，在粮油生产、果蔬供给和动植物生产食品安全方面都获得了较好的应用成效，并累积了大量的较为实际的生产应用经验，从而积极推进数字农业创新工程。政府进一步完备全省数字农产品网络数据信息云平台工程建设，重点推动全国小麦（水稻）全行业链大数据分析网络平台、梅花鹿人参食用菌单品大数据分析网络平台、农产品经营主体管理平台应用。同时加快数字信息技术进村入户，现已涵盖全省 55 个县（市、区、开发区），已累计建立全国益农数字信息社 8030 个，全省物联网应用示范点 100 个。

二是智慧城市基础设施建设规模逐步扩大。自 2021 年 1 月开始，吉林省政务服务和数字化建设管理局积极组织地方各相关部门，采取推动工程项目建设、提供管理咨询服务、搞好建设项目储备、完善建设项目调度运行机制等一系列举措，切实强化智慧城市信息网的建设项目规划。政府的支持是工程建设的推动力量，截至 2021 年 3 月底，智能信息网入库项目 329 个，计划总投资 561.84 亿元，共有 61 个项目开复工，完成投资 3.17 亿元。其中 2020 年吉林省省级政务信息化服务项目进展顺利，云视讯会议系统、统一电子印章等 10 个系统已正式上线运行；吉林省能源大数据智慧中心建设工程已初步通过建设验收；长春市城市数字大脑建设项目已完成长春市直 68 个部门 142 个系统云上迁移；物联网配送服务机器人项目，样机已研发完成，对深度学习、人机交互、路线规划等功能进行测试。

三是物联网平台基础设施建设规模稳步增长。截至 2021 年 1 月底，智能信息网入库项目 328 个，重点项目中吉林瑞科汉斯电气股份有限公司"智慧供暖控制系统项目"已完成厂房建设、设备采购调试和软件开发等进程，进入试生产阶段。吉林市宏深科技有限公司"基于云平台和物联网通讯的智能供热系统项目"硬件产品已进入批量测试阶段。移动公司政企云三期服务器已上架，进入线缆布放和调测阶段。联通公司完成5G续建项目收尾工作。"数字九台"建设项目运营指挥中心装修工程即将完工，视频会议系统开始安装调试。白城市电子政务外网已铺设完成596个点位，平台设备已到位，正在安装调试。通化市消防社会化服务云平台已搭建完成，正处于试用阶段。

四是物联网连接数保持高速增长。2021年，吉林省电商产业注册榜商50余万，带动就业158.8万人。2021年1至9月，吉林省跨境电子商务进出口达到30.9亿元，同比上升了25.1%。依赖于物联网技术不断创新与升级，产业链的逐渐完善和成熟，全省物联网行业整体呈现高速增长态势。

五是两化融合的整体水平已迈向新台阶。依托于两化融合服务平台，吉林省已有1600余户中、小企业进行了常态化自评价、自对标、自诊断，进一步增强了企业两化融合发展意识。国家两化融合管理体系贯标试点企业已累计超过54户，其中长客股份、长春亚泰集团被列入国家两化融合贯标示范企业。社会融合发展重点从"深化局部应用"向"实现突破全面集成"过渡，地区、产业之间发展均衡性明显提高，大中小企业合作协同发展。

六是工业互联网从概念普及走向实践运用。根据中国工业互联网研究院：《2020年工业互联网发展应用指数白皮书》发布数据，吉林省工业互联网发展应用指数在31个省份中排名第13，在东北地区排名第一。具有一定区域和行业影响力的跨行业跨领域省级工业互联网、汽车行业工业互联网、能源清洁利用工业互联网、工业企业数字化公共服务等重点平台加快建设，平台供给能力不断强化，工业App突破2 000个。三级安全保障技术体系初步建成，产业生态不断健全壮大。

七是重点行业数字化转型加快推进。吉林省围绕优势支柱产业加快推动新型数字信息化建设和制造业的深化融合，充分发挥其"老工业基地"的优势，汽车行业全面提高产业链的数字化管理水平，促进汽车智能制造业提升；石油化工、冶金建筑等原材料行业已初步完成了工业生产过程的智能在线监测与管理；机械装备、电子制造行业正在推进数字化厂房与智慧厂区的建设，正在逐步从生产自动化向数字化、智能化过渡；食品、医药等产业正以原材料、制造、服务等全过程智能品质管理为核心，逐步完成了品质的安全可追溯；轻纺产业在大力推广大规模个性化定制，不断丰富消费品品种。数字化变革已形成了全产业的普遍共识，通过信息化加快数字技术在全流程、全产业链渗透融合与集成运用，主流制造业核心竞争能力将不断增强。

八是融合创业的新模式与新产业不断出现。数字化管理、智能制造、互联网协同、个性化订制、服务化延伸等创新模式也在加速流行。推动实施百户智能制造示范工程，引导智能制造的快速发展，提升智能制造系统方案解决能力，逐步实现人、机、物等生产要素互联、管理系统互通。吉林省工农业电子商务、制造业"双创"与工业互联网协同发展等新型产业模式的兴起，推动制造业发展方式、增长动能发生转折性改变。

九是基础设施体系不断夯实。"十三五"期间，全省累计建成5G基站9 671个，5G用户达到458万户，超额完成建设任务。优先向汽车、现代物流等重点产业布局5G技术应用，涌现出红旗数字工厂等一批示范性、引领性很强的5G典型应用场景。"吉林祥云"大数据平台已完成二期工程建设，完善了社会信用信息、电子证照、宏观经济六大基础数据资源库及审批事项材料库，提升了政府数字化服务水平。

十是物联网连接数结构将发生改变。"数字吉林"建设工程以供需侧结构性改革为主线，以数字化、网络化、智能化为内核，以数字政府建设为主导，以地方性产业的转型升级为主攻方向，坚持市场导向、创新驱动、重点突破，着力推进开展"五大任务"、落实"十项工程建设"，促进物联网技术、大数据和人工智能技术与实体经济深入融合，从而建立社会转型发展的新产业、新动能、新模式，成为吉林省数字经济蓬勃发展的重要增长点。随着物联网加速向各行业渗透，行业的信息化和物联网水平不断提升，产业物联网占比数不断提升，产业物联网连接数占比将提速，产业物联网设备的联网数将超过消费物联网的设备数。智慧建筑、智慧工程、智慧交通、智慧医疗、智慧能源等应用领域，将有可能成为产业物联网连接数增长最快的领域。物联网的持续快速增长和占比变化受内部支撑和外部环境的双重影响。

六、本章小结

本章分析了数字经济发展情况，分别从数字经济的"五化"方面展开。一是"数据价值化"发展方面，目前我国整体虽处于数据价值化的萌芽阶段，但在数字化基础阶段已初具完整体系；重点行业的数据价值化转型处于加快推进阶段；数据价值化推进取得了阶段性成果；数据价值化基础部门增势稳定、结构优化。二是"数字产业化"发展方面，近年来，随着数字经济的快速发展，数字产业化所占比例逐年下降，与之相对的是产业数字化所占比重不断增加，各地积极加速5G产业布局；各地区积极推进大数据产业发展；各地积极布局人工智能产业发展；各地积极布局云计算产业发展。三是"产业数字化"发展方面，分别从制造业数据化、农业数字化和服务业数字化展开产业数字化发展情况的分析。制造业数字化发展方面政府政策支持力度大、制造业数字化规模扩大、工业互联网平台企业实力较强、制造业企业数字化水平参差不齐；农业数字化发展方面，各地政府积极建设数字农业云平台、扩能升级信息综合服务、实施信息进村入户工程、推广数字技术应用、培育数字农业新动能；服务业数字化发展方面，以本地生活为特征的数字生活服务加速发展、以制造强国为目标的数字生产服务快速发展、以优化营商环境为重点的数字公共服务不断提升。四是"数字化治理"发展方面，形成全面的数字化安全保障体系、形成集约高效的基础设施硬件保障、形成高效立体化的政府数据整合系统、形成共建共治共享的平台治理模式、已形成智慧化的政府决策机制、形成数字化的软件层建设。五是"数字化基础设施"发展方面，各地积极实施5G基础设施建设工程；政企深度合作，全面推进大数据平台建设；各地纷纷建设大数据产业园区，与多平台企业合作实施重大项目，积极促进企业数字化和智能化，采取措施推动产业数字化转型发展，推进数字经济与实体经济的深度融合；物联网领域发展迅速，不仅初步形成物联网农业基础设施建设规模化发展，智慧城市基础设施建设规模逐步扩大，物联网平台基础设施建设规模稳步增长，物联网连接数保持高速增长，两化融合的整体水平已迈向新台阶，工业互联网从概念普及走向实践运用，重点行业数字化转型加快推进，融合创业的新模式与新产业也不断出现，基础设施体系不断夯实，物联网连接数结构将发生改变，促进物联网技术、大数据和人工智能技术与实体经济深入融合，从而建立社会转型发展的新产业、新动能、新模式，成为我国数字经济蓬勃发展的重要增长点。

第四章　数字经济发展中存在的问题

数字经济在快速发展的同时，也面临一些问题和挑战，在一定程度上，阻碍了其健康发展。本章主要基于数字经济"五化"的视角，分析并揭示数据价值化、数字产业化、产业数字化、数字化治理、数字化基础设施等发展过程中存在的问题。

一、数据价值化发展中存在的问题

我国数字经济发展步入到由理论概念推出到实际应用落地实施的关键时期，通过科学认识大数据分析，提高对数据分析发展规律的掌握能力，客观辩证地剖析当前大数据分析蓬勃发展所取得的新成就以及面临的问题显得至关重要。

(一)数据交易中介服务不足

首先，由于缺少有吸引力的数据库支持，数据品质较差、数量过小、更新速度缓慢。与国外基于数据库交易的方式相比，不难发现，当前的数据交易中心距离形成坚实的数据库支撑还有一段距离，主要表现为：提供的数据质量参差不齐，时效性不高，无法满足市场需求。其次，供需信息不对称，大数据交易平台的盈利情况不容乐观。多数平台仍处在商业推广阶段，数据量的供应无法达到买方要求，所缴纳的平台服务费和成交佣金也较低。最后，数据安全保障与数据交易自由流动问题凸显。中国数据交易步入发展停滞时期的一个主要因素，是《网络安全法》的制定以及刑事执行力量的增强，造成的合规性经营风险远大于收益。当前，信息安全保障仍然是数据交易自由流动不容忽视的制约因素，亟需相应制度加以化解。

(二)相关制度建设较为滞后

当前，各地对数据价值化建设的重视程度日益提升，部分地区涌现出的基于大数据应用技术的创新型公司，在网络和移动等互联数据的运用上已初步具备了后发优势，使政府在有效利用互联网促进创新与发展上获得了优良的技术基础和条件，从侧面印证了积极推进发展战略的极端意义和准确性。与此同时，也要注意到，部分地区的数据价值化发展总体上仍处在起步阶段，仍有较大发展空间，虽然数字经济高速发展的基本格局已初步建立，但数据要素在创新价值和参与价格分配等方面，还表现出有关市场体系建立上相对落后的局面。数据要素价值的释放要与加快推进数据体制完善同步，否则将很难跟上我国数字经济发展的步伐，将成为制约数据价值化深度构建的阻碍因素。

近年来，以互联网、虚拟现实、物联网等产品为代表的数字经济发展势头迅猛，但与之相适配的体制建设与管理却远远没有跟上，导致体制构建上与数字经济发展不相适配的尴尬局面。不仅如此，还应看到在信息归属、收集、发布、应用、收益等在各有关主体间的边界这一问题也仍在摸索当中，数据的评估、计价、交换等活动有时也无法顺利地开展，大数据资源向数据资本的转换也受到了限制，作为新兴信息产出要素的重要功能也没有得以有效发挥。尽管数字技术经营的新业态、新模式已融于经济社会的各个重点领域，行业之间的联系与互动能力通过信息要素服务也在迅速提升，但同时，对用户隐私权保障、安全、信息平台反垄断等传统政府监督方式所无法有效处理的负面问题也频频出现，不容忽视。

(三)数据价值开发的主观能动性不足

从根本上讲，阻碍数据发展的根本性问题，在较大程度上来自思想意识和主观能动性上，源于开发者对大数据的本质含义、大数据价值及其形成的机制和基本规律认识不清。大数据价值形成有其内在规律性，唯有深入了解和把握这种规律性，才能增强科技利用大数据的实力，让大数据分析最终具有了价值。大数据分析通常价值很大且价值密度非常低，因此很难通过直接阅读提取有效价值。唯有透过综合使用数学、统计学、电脑等工具开展的大数据挖掘，才可以让大数据分析迅速形成价值，从而实现由数量到信息再到认识与策略的巨大转变。大数据分析价值链环节涵盖数据收集、流动、保存、大数据分析与处理过程、使用等环节，其中大数据分析和数据处理为核心内容。如果只储存不进行数据分析，无异于只买米不做饭，无法形成实际经济效益。而当前，信息行业在某些环节方面暴露出过于集中的局面，有生产劳动力过剩之虞，而在大数据分析和信息处理环节的能力上则严重不足，这应该引起高度重视。值得关注的是，传统的用于分析数据处理的统计方式与数据挖掘方法对当前的大数据分析并不匹配，需要重建大数据分析的统计基础、算法基础和数据挖掘的方法基础。才能够根据不同目的、采取不同方式开展数据分析，让一个数据分析形成多元价值，形成倍增效果，有助于增强各行各业利用数据分析解决困难和问题的能力。

（四）数据价值化的基础支撑不足

当前，在推进数据价值化高效配置的过程中技术短板问题较为突出。在缺乏强大的工业生产基础和科技保障之下，数字经济发展难免暴露出难以稳定运行的弊端，还面临着对后续发展动能缺失、冲击挑战巨大的经营风险。这也提醒我们当前一定要注重数字创新，全力突破重点核心技术的"卡脖子"问题。不难看到，在核心基础零件、重要基本建筑材料、领先基本工艺技术、产品基本技术、工业软件等工业基本应用层面，相较于国内整体水平，仍然较为薄弱、缺乏竞争力。当前在推动落实数字经济发展的过程中，数据信息资源表现出开放程度受限的问题，大部分统计信息资源利用处在"休眠"状况；信息工程和数据应用部门几个环节、应用领域还面临着被"卡脖子"的经营风险；数据分析使用不普遍、使用程度不深，对数据价值评估标准不统一等。由于上述的体制机制障碍和科技短板，严重影响了数据分析要素参与社会价值创新的有效性和价格分享的公正性，也限制了培育数据驱动经济的模式、新产品、新应用的深入发展和数据分析要素价值的全方位解放。

（五）政企间数据开放共享度较低

受限于数据开放有关立法不完善、技术规范不统一、职责范围和界限不清晰等问题，当前政府部门与企业部门之间不愿、不能，甚至根本无法实现大数据的资源开放共享，导致政府数据的公开程度较低。近年来，虽然大力推进政府数据公开与资源共享，但是，政府数据的公开共享仍然呈现数据存量规模较小、数据品质低下、可利用性不高及用户参与度较低的不利局面，信息孤岛、数据烟囱问题屡见不鲜。

另外，企业间的数据互通、共享和循环再利用问题仍有较大提升空间。受制于相关立法、标准和交易机制不健全、不完善以及数据互通共享的经营理念不够等因素影响，数据信息基础要素应用仍以公司内部数据为主导，呈现出了不利于长期发展的自给自足的小农经济态势，而企业部门间的数据信息开放、互通共享不强，没能在市场中发挥主导作用，从而造成了数据资源互通共享的范围难以有效扩大。国家虽已初步形成了相对规范的数据信息互通机制，但在以数据信息互通共享作为新型市场经济发展驱动力的背景之下，数据流通路径的约束问题可能成为数据价值化高效配置的阻碍因素。

二、数字产业化发展中存在的问题

经过多年的积累，全国各地数字产业发展取得了一定成效，但地区发展不均衡现象也较为明显，对标浙江、北京、广东等数字经济发展较好地区，多地区的数字经济产业化还有一些待提升完善的地方，仍需聚力突破系列瓶颈桎梏，为产业数字化提供有力支撑。

(一)数字资源的开发利用率低

当前，在企业发展过程中，对外部数据和信息的需求明显呈现上升趋势，不断整合和开发这些资源，包括产业链上下游的企业信息和消费者信息等势在必行。但由于相关行业的数据存在数据权属不清晰、数据产权法律法规不健全等问题，数字资源的开发利用尚处于探索起步阶段，非常不利于数字产业化的发展。

(二)数字技术供给不足

科技创新能力对于技术进步和产业升级有着重要影响。科研创新及成果转化方面的政策激励度和执行力还需进一步增强。要素成本较高，技术投入不足。还有一些重点行业核心关键技术受制于人，工业软件、集成电路、操作系统等关键数字技术设备对外依赖度高。如工业软件是企业实现研发、生产和运营信息化不可少的工具，但工业软件市场基本被国外工业软件所垄断，为此每年要支付高昂技术专利费、设备购置费，阻碍了数字产业化进程。体制机制尚不健全，存在数据安全问题，特别是物联网的发展带来了前所未有的网络安全挑战。

（三）数字产业生态不完善

尽管各地政府近年来逐步加大数字经济产业发展的支持力度，但是多数企业形态较为单一，多元化不足，大学毕业生本地就业率比较低，企业数字化水平参差不齐，数字经济产业合作水平不高。诸多地区企业发展水平仍停留在工业 2.0 阶段，信息化水平较低。一些大型企业虽然信息化水平较高，但带动辐射作用不明显。中小企业信息化程度偏低，多数企业处于单项应用阶段，未实现综合集成，企业研发、生产、管理和销售等环节的信息化应用与实际发展需求还存在一定的差距。综合上述因素的影响，导致尚未形成以平台型生态企业支撑的数字生态共同体，缺少平台经济、共享经济等领域新兴业态的龙头企业带动，缺乏数字经济产业集聚核心，成为阻碍数字经济产业合作发展的一大阻碍。

（四）数字人才短缺

数字经济的发展需要"数字人才"的支撑，尤其是在相关信息产业创新方面。数字人才包括专门的信息技术专业技能人才，也包括具有数字素养的跨界人才；数字人才不仅指拥有硕士和博士学位的高端人才，还包括知识型、技能型和应用型的基础人才。目前，数字人才大多分布在传统产品研发和运营领域，而急需数字人才的数字管理、数字分析、数字营销、先进制造等领域则分布相对较少。一方面，跨界复合型人才缺口较大，人才集聚水平较低。本地人才培养刚起步、方向单一，师资力量薄弱。现有的毕业生与数字人才需求存在错位，双方的人才供需衔接性和匹配度还有待进一步深化。另一方面，数字经济产业中的企业形态比较单一，多元化不足。由于薪酬待遇、区位条件、发展环境等因素的影响，人才激励机制和人才培养机制尚不完善，经济发展相对落后地区引进高级人才存在一定困难，导致数字人才"留不住"和"引不来"并存的局面。

三、产业数字化发展中存在的问题

(一)制造业数字化的发展不足

我国多地区制造业数字化转型已取得阶段性成果,但与以数字经济推动高质量发展总要求以及现阶段经济发展需要相比,仍存在差距。整体看,产业链供应链数字化水平还有很大提升空间,新一代信息技术催生出的新产品、新应用和新模式在工业领域应用仍需加强。工业互联发展过程中,还面临着"不敢用""不会用""用不起"等问题,同时企业也对数据泄漏和网络攻击等安全隐患存在着担忧,平台解决生产和运营优化能力有待提升,支撑平台可持续发展的商业模式仍需完善。部分企业家转型意识不够、动力不足,专业复合人才仍然匮乏。制造业数字化转变的基础与实现的主体主要是相关企业,而这类企业数字化转型的目标主要是在不断变化发展的内外部环境中,保持更强健、更持续的生命力和竞争力。要实现转型目标,认清目前存在的问题和困难是重中之重。

一是制造业企业跨界融合难。缺乏跨部门、跨领域以及跨企业的协调融合能力,转型企业潜能不能最大化,变革速度受限。在分工越来越细化的今天,这些新的跨界融合往往比较难进行。

二是制造业企业数字化转型战略规划少。没有具体的战略转型计划与行动路线图。公司或团队对数字化转型发展并没有整体的战略规划,导致公司或团队对未来数字化发展的走向和愿景不甚明确,对公司当前数字化水平了解不够,无法客观地评估发展中存在的差距,判断所要补强的力量。战略层面,由于价值链的单一环节所迈出的步子过大,而其余环节未能跟上步伐,最终造成公司达不成最终的转型效果。

三是发展智能制造技术支持不足。智慧制造的发展离不开企业技术创新,也离不开企业强大的技术支持。为满足科技进步和经济发展的需要,不少制造业企业都引入了 EPR、PLM、CRM 等新系统,这也是企业数字化转型升级过程中的一种重要体现。尽管有很多企业处在行业领先地位,但部分企业,尤其是广大中小企业却尚未充分适应创新,尽管相关企业响应着国家转型升级的号召,但是如何进行实际操作还是个难点。

(二)农业数字化发展不足

我国多地农业数字化发展取得了显著成绩,但在标准化农田建设、智慧农业、农产品知名品牌创建等领域,部分地区仍然处于相对弱势地位,在商品保鲜、冷链物流、网络流通等环节起步相对较晚,节水灌溉设施、农村电商、冷链物流仓储设施等方面亟待加强。

一是农业数字人才短缺。农业数字化生产过程中,很多机械和高科技技术的操作都是人,但是农业领域这方面的人才比较稀缺,造成即使有了设备、资金,很多项目还是无法维系下去,很多农民朋友虽然有着大量的务农经验,但是对于这些数字化的产品和流程还是无法接受,因此,导致很多农村地区虽然有着合适的农产品产业,有着国家的大力支持,但是还是发展不起来。

二是农业数字生产受限。农业数字生产受到诸多因素的限制,一方面,涉农产业的投资成本高,回收期长,需要长期人力、资金的投入,农村从业者本身底子薄,很难支撑大规模的资金人力投入,从而限制了生产规模,和其他行业乡镇企业生产相比缺少竞争力。另一方面,农业机械化数字化的发展,让种养经验的重要性小了很多,很多技术人员即使没有大量的经验,通过技术手段也能将种植养殖渔业等产业园搞得不错,这就会导致大量农民面临失业压力。

三是农产品销售流通不畅。农产品销售比较困难,虽然现在有很多带货平台和网络电商,但是他们都有自己的团队,有着大量粉丝的积累,农民自家去做这种电商很难做起来,不仅没什么人观看,而且还会造成人力物力的浪费,种植的农产品即使质量好,也很难销售出去。

(三)服务业数字化发展不充分

电子商务发展方面,部分地区在新业态、新模式上的发展仍存在不足,其新模式与传统经济的融合程度十分有限,缺乏人工智能、大数据、云计算等新技术在经济融合中的使用场景,也缺少与数字金融、新零售、共享经济等新业态的有机融合。

一是服务业数字技术支撑不足。多地区现有的数字技术服务大都是通用技术,难以满足服务企业"短平快"的数字化转型需求。绝大部分服务企业无力投资建设个性化的数字化系统,更倾向购买价格优惠的标准化数字技术服务，但市场上相关服务的供给还不足。目前，大多数地区在人工智能等尖端科技创新研发的产业聚集上还存在明显的不足。

二是服务业数字化转型不充分。服务业行业企业数字化转型仍处于初级阶段。尤其是生活性服务业市场主体仍以中小型企业和人体商家居多，受制于规模较小、布局分散、服务能力薄弱的特征，数字化转型发展进度相对缓慢，且数字化应用主要集中于销售、服务和 IT 管理等方面，主要是单点效率的提高，还没有形成系统的数字解决方案。而订货系统、POS 系统、供应链电子信息系统更为缺乏，无法实现从食材溯源、供应，无法达到餐饮企业内部系统的全链条数字化建设。

三是服务业数字化转型指导缺乏。一方面从现代服务业发展本身出发，有关制度不健全，准入和退出的机制也不明确；行业划分准则与统计指标体系不完善，缺乏对现代服务业发展的规范和管理。部分地区现代服务业产业格局存在严重的粗放型问题，市场缺乏对新型服务业的有效指导与监管，不利于初创型企业和新进入企业的发育和成长。另外，国家财政对生活性服务业数字化的专项扶持力度也亟待进一步加大。鉴于我国生活性服务业点多面广，行业门类和企业总量巨大而繁杂，在制定行业数字化政策时，一般无法全部考虑，因此有关生活性服务业数字化规划的政策设计和针对性措施建议也相对较少。

四是服务业数字化转型引领企业和人才欠缺。多数地区的服务业数字化转型人才供应严重不足，大部分数字化人才分布在信息与通信技术（ICT）基础产业和科研部门，而且薪酬水平超出了生活服务业商户的承受范围。导致不少企业还没有考虑或尚在规划数字化转型，生活服务企业对数字化转型的观望情绪也很浓厚，"不想转、不敢转、不会转"的现象十分突出，难以形成数字共享和集群效应。

四、数字化治理中存在的问题

当前，我国数字政府建设取得一定的成效，但由于区位条件、产业结构等原因，部分经济发展落后地区的数字治理仍存在数字化建设投入相对较少、政务人员"数字化"意识尚不适应发展需要、数据资源应用水平尚需提升等问题。

(一)数字治理体系和机制不完善

一是传统的科层管理模式根深蒂固,制约了数字治理的发展。一方面,数字治理要求放权、分权、还权,从官本位向民本位思想转变。另一方面,数字治理要求打破部门间利益格局,形成部门之间、系统之间、地区之间的数据共享及信息共用。其中既需要思想观念的转变和认同,又需要打破部门的"核心利益"。科层制的权利体系不但会阻碍信息共享,它还会造成上下级的信息不对称及沟通脱节。

二是缺乏统一规范的制度体系。数字技术正广泛应用于公共服务领域,但在其他一些地区却发展缓慢甚至停滞不前。究其原因在于缺乏统一规划和顶层协调机制,造成各地政策不一,不利于数字治理水平的整体提升。

(二)治理主体的能力与水平有限

随着治理范围扩展到网络空间,政府人员"数字化"意识尚不适应发展需要,治理主体的能力和水平需要进一步提高。

一是政府人员对数字治理的认知不够。二是多方参与机制不完善。公众的参与意愿不积极,市场主体不够活跃,导致多方协同治理进展缓慢。由于市场主体受制于政策、税收、土地、融资、征信等方面因素的影响,导致相关市场主体缺乏数字治理的主动性与积极性。上述情况的存在,需要政府相关部门进一步深化"放管服"改革、推进制度红利,尽可能地激发出市场的经营活力,进而有效引导众多市场主体积极参与到政府相关部门的数字治理过程中。

五、数字化基础设施存在的问题

(一)5G网络尚未实现完全覆盖

用电价格高,成本负担重。根据中国移动吉林公司反映,5G基站用电量是4G基站的3至4倍,正常情况下单个5G基站每年电费约2万元,即便空载也将达到1万元以上,给运营公司带来成本压力,随着5G基站的大规模建设,电费负担之重应引起高度重视。部分业主不配合,基站建设入场难。作为新型基础设施,5G建设需要全社会支持,但业主方常以辐射等各种原因或收取高额费用的方式，为基站入场设障。以中国移动吉林公司为例，其先后有 200 多处 5G 站址由于与交通枢纽、企事业单位、居民小区等业主方协调困难，无法在规划站点建设，导致部分区域 5G 网络无法连续覆盖，既影响当下用户感知，也为将来 5G 垂直应用、万物互联下隐患。①

（二）基础设施应用广度与深度不足

数字政府体系仍需完善。虽然各地数字政府建设取得了一定成绩，但与经济发达省份相比，诸多地区仍然存在较大的差距。主要表现为：数字化建设投入相对较少、政务人员对数字化流程改进认识不清晰、数据资源应用水平较低等。政务信息化在提升治理水平和治理能力中作用尚未充分发挥。

基础设施应用广度与深度有待拓展。近几年，多地区的大数据中心发展迅速，智慧城市建设稳步发展，但大多数数据中心仍在逐步建设与完善中，不同数据中心的统一监管系统与体系有待进一步完善，与不同行业、企业的融合还需进一步加深。

农村新型基础设施发展速度慢。目前农村设施建设在电力、通信、交通等方面处于稳步发展中，但是在文化、医疗等方面出现严重的供给不足。新基建与农业绿色技术缺少融合，数字化服务通道少，导致农民对新基建认识不到位、不理解，阻碍了相关技术在农村的铺建。

（三）人工智能发展不足

人工智能领域方面技术研发少，科技创新型领军企业不足。行业领头企业往往具有明显的整合优势和带动优势，如腾讯、百度、阿里巴巴、华为等新一代人工智能企业对本土一些行业中小型企业具有明显的带动作用，同时在很大程度上推动了新一代人工智能行业的快速发展。但是，大多数地区像这种具有带动性的公司少之又少。

人工智能行业起步晚，技术整合能力不强。目前，新一代人工智能领域技术的发展重点主要集中在大数据等应用领域，缺乏该领域核心技术的自主知识产权。在深度学习、机器制造等更深层次的技术领域实力比较薄弱。与

---

① 吉林：提速的 5G 建设仍需政策加力排难［EB/OL］. (2020－12－06) https：//finance. sina. com. cn/jjxw/2020-12-16/doc-iiznctke6822907. shtml

此同时，部分地区的制造业数字化管理普及率较低，水平参差不一、发展不均衡，这也抑制着新一代人工智能多领域发展。高等院校、科研院所和人工智能公司之间的产学研用平台初期建成，还有待进一步深入发展。在成果科学化方面，高等院校能够提供转化的成果体量仍有缺口。

人工智能产业创新生态系统作用还未充分发挥作用。部分经济发展落后地区的人工智能行业起步相对较晚，由企业、高校和研发机构联合形成的多元化的生态系统还不够成熟，导致实际功能还不能充分发挥出来，还需进一步的整合和打磨。

(四)物联网技术起步较晚

目前，我国物联网技术的发展水平仍处在初级阶段，农业物联网的自动化程度较低，大部分均处在应用初期阶段，物联网应用范围也比较狭窄，而且大多是运用于单纯的农业数据收集与环境管理，导致使用相关技术时所产生的经济效益较少。同时，从事物联网行业的公司总体数量也不多，公司规模一般都偏小，技术实力比较薄弱，也没有具有代表性的龙头企业，与国内其他经济发达地区仍有很大差距。

产业发展不平衡，产业生态不够健全。物联网产业多运用在汽车、交通运输、农业、电信等基础产业领域，但由于在农业领域中的应用范围较小，因此物联网技术并没有在农村得到有效推广。受传统农业种植理念的影响，大部分种植户对物联网技术并不认可。另外，乡镇地区对物联网农业的应用重视不够，仍鼓励种植户使用传统的种植方式，进一步约束了物联网技术的应用与发展。此外，政府对物联网的研究不重视，资金投入不足，物联网技术研究人员缺乏，也是制约物联网农业应用的重要原因。

规模化应用不足，碎片化现象严重。物联网已经有了一系列比较基础的应用领域，但应用需求较低、范围狭窄、规模不高。物联网应用领域资源分散、技术集成度不高，缺少市场驱动力，无法调动相关产业链中各环节的参与力和投资力；因为缺乏大规模的应用，导致电子标签和读写器的生产成本无法降低，而生产成本高昂，同时也制约着物联网大规模的应用，生产成本高昂的问题也将更难以解决，这就构成了使用者的初期使用成本壁垒。

核心技术存在短板，复合型人才缺乏。目前，物联网专业技术人员较少，特别是缺少既了解行业生产又了解物联网技术的复合型人才。物联网项目的施工、维修和管理等工作都需要专业的技术人才队伍,同时,不同行业涉及的产品种类众多,也无法依靠厂家进行指导维修。单就农业物联网方面来说,所需要的专业技术人员不但要掌握基本电气、通讯等方面的知识,还要掌握一定的设备自动化、安装、土建等方面的专业知识,以及了解基本的农业生产知识、农村生活科学知识等。现有的物联网技术人才还无法适应物联网的有关技术、管理和维修等工作。

六、本章小结

本章主要从数字经济"五化"的角度出发,分析并揭示数据价值化、数字产业化、产业数字化、数字化治理、数字化基础设施等发展过程中存在的问题。一是揭示数据价值化发展中存在的问题,主要是存在数据交易中介服务不足、相关制度建设较为滞后、数据价值发展的主观能动性不足、数据价值化的基础支撑不足、政企间数据开发共享水平较低等问题。二是揭示数字产业化发展中存在的问题,主要是存在数字资源的开发利用率低、数字技术供给不足、数字产业生态不完善、数字人才短缺等问题。三是揭示产业数字化发展中存在的问题,主要是存在制造业数字化的发展不足、农业数字化发展不足、服务业数字化发展不充分等问题。四是揭示数字化治理中存在的问题,主要是存在数字治理体系和机制不完善、治理主体的能力与水平有限、数字治理相关人才供给不足等问题。五是揭示数字化基础设施中的问题,主要是存在5G网络尚未实现完全覆盖、基础设施应用广度与深度不足、人工智能发展不足、物联网技术起步较晚等问题。

第五章　我国居民消费情况
(2012—2021)

消费是拉动一国经济发展的重要因素之一，本国经济的快速发展与本国居民消费是密不可分的。本章主要分析居民消费环境，分别从经济因素和制度因素两方面展开分析。考虑到居民消费的表现有诸多方面，本章分别从居民消费总量、消费倾向和消费结构三个维度，判断居民的消费情况。

一、居民消费环境分析

居民消费是居民消费行为的体现，居民消费行为是其适应消费环境的一个过程。因此，分析居民消费环境是深入探究我国居民消费的重要前提。

(一)经济因素

我国作为世界第二大经济体，在近几年的新冠疫情的冲击下，以及国际纷繁复杂环境的影响，我国经济的发展更加离不开居民消费的推动。本章收集整理了2012—2021年，我国国内生产总值情况，见图5-1所示。

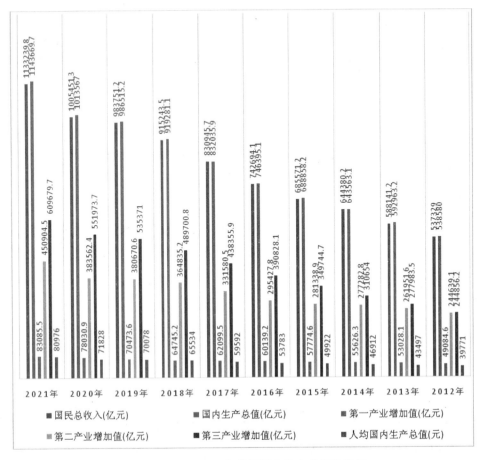

图 5-1　2012—2021 年我国国内生产总值统计表

数据来源：国家统计局

由图 5-1 可知，2012—2021 年这 10 年间，我国国民总收入总体呈现逐年递增的趋势，由 2012 年的 537 329 亿元，逐步提高至 2021 年的 1 133 239.8 亿元。我国国内生产总值也是逐年递增，由 2012 年的 538 580 亿元，逐步提高至 2021 年的 1 143 669.7 亿元。

我国经济的快速发展，带来居民收入和消费水平的显著提升。本书整理了 2012—2021 年这 10 年间，我国居民消费水平统计表，如图 5-2 所示。

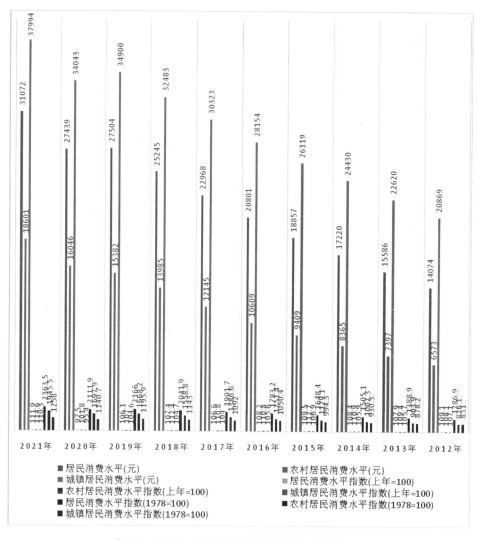

图 5-2　2012—2021 年我国居民消费水平统计表

数据来源：国家统计局

　　由图 5-2 可知，2012—2021 年这 10 年间，我国居民消费水平总体呈现递增的趋势，由 2012 年的 14 074 元，提高至 2021 年的 31 072 元。居民消费水平指数（1978＝100）总体呈现递增的趋势，由 2012 年的 1 286.9，提高至 2021 年的 2 363.5。

　　由图 5-1 和图 5-2 的数据可知，经济因素的"增长性"特征明显，经济的发展促进我国居民生活水平提升，居民的消费水平逐年得到改善，促使居民消费水平逐年提升变为常态。

(二)制度因素

社会主义市场经济的本质特征之一就是政府的宏观调控，我国经济制度建设对建立良好的居民消费环境具有非常显著的影响。我国改革开放以来，经济制度的探索与建设可谓是"摸着石头过河"。值得注意的是，居民收入分配制度尚且存在诸多不合理问题，造成居民收入差距比较明显，如图5-3和5-4所示。自2012—2021年，我国居民人均可支配收入保持持续增长态势，2022年我国居民人均消费支出及其构成中，食品烟酒支出占比最高，为30.5%，居住支出紧随其后，占比为24.0%，交通通信支出排在第三位，占比为13.0%。

图 5-3　2012—2021年我国居民人均可支配收入和消费性支出

数据来源：国家统计局

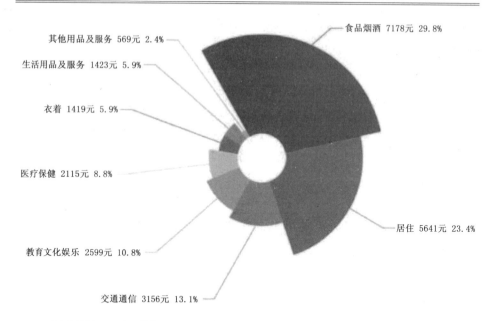

●食品烟酒 7178元　●居住 5641元　●交通通信 3156元　●教育文化娱乐 2599元　○医疗保健 2115元
●衣着 1419元　●生活用品及服务 1423元　●其他用品及服务 569元

图 5-4　2021 年我国居民人均消费支出及其构成

数据来源：国家统计局，2021. 1

近年来，随着我国社会经济的发展，居民的社会生活保障条件逐步改善，但是，相关的配套措施尚未齐备，社会保障制度尚未得到完善，促使居民的支出预期偏差增大，加剧了居民支出的不确定性，如图 5-5 所示。赡养老人、养育子女等的生活压力增大，居民消费受到家庭人口结构的制约较明显；长期居高不下的住房价格，造成居民为购房而保存明显的储蓄动机。

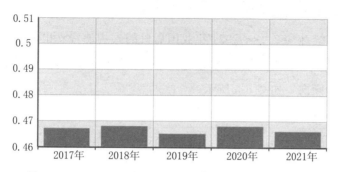

图 5-5 2017—2021 年我国居民人均可支配收入基尼系数

数据来源：国家统计局

综上所述，我国"摸着石头过河"、不仅仅加剧了经济因素的"动态性"，也造成居民遭受来自多方面、多层次的不确定性影响。因此，我国居民既要承受消费水平的逐年上涨，也要承受来自供给侧的动态性的、多种不确定性因素影响，这种情况之下，我国居民的消费环境具有明显的增长性、动态性、不确定性特点，进而在需求侧对居民消费产生显著影响。

二、居民消费分析

居民消费的表现有诸多方面，可以分别从数量、趋势和结构等方面进行全面系统的分析。即从居民消费总量、消费倾向和消费结构三个维度，判断居民的消费情况。

（一）居民消费总量

观察历史发展进程就会发现，多数国家或者地区在其经济体发展到一定阶段后，消费就演变为一个能够长期驱动当地经济持续增长的重要性内生动能，不仅有利于促进当地的经济循环，也有助于提升当地居民的福祉。根据国家统计局数据，2021 年前 11 个月，我国社会消费品零售总额同比下降 0.1%，而美国同期的个人消费支出同比增长 11.9%。按照购买力平价计算，2021 年我国人均 GDP 为 1.8 万美元，而美国为 6.7 万美元，相差近 4 倍。与其他国家相比，我国在经济发展阶段、储蓄文化、居住消费统计方法等方面存在差异，收入、分配、社保、供给等领域也有短板。

(二)居民消费倾向

根据国家统计局 2012—2021 年我国居民的人均消费支出与居民人均可支配收入数据，由居民人均消费支出/居民人均可支配收入得出 2012—2021 年我国居民消费倾向，如图 5-6 所示。

图 5-6　2012—2021 年我国居民消费倾向

数据来源：由国家统计局数据计算得出

由图 5-6 可知，我国居民 2012—2020 年的平均消费倾向呈现下降趋势，由 0.72 下降至 0.66，由于 2020 年受到新冠疫情的影响，2020 年的居民消费倾向呈现断崖式下降，但是 2021 年实现反弹，上升至 0.69。

(三)居民消费结构

我国居民 2012—2021 年的消费结构，如图 5-7 所示。

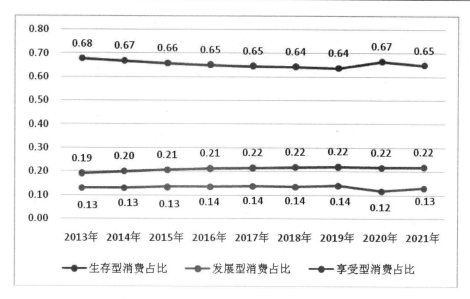

图 5-7　2013—2021 年我国居民消费结构

数据来源：国家统计局

由图 5-7 可知，根据马斯洛需求层次理论将居民消费结构分为生存型、发展型和享受型消费，我国居民 2013—2021 年的消费结构并不合理。在三类消费类型占比中，生存型消费占比最大，享受型消费占比最小，可见，我国居民的生存型消费仍是决定居民生活水平的关键支出。

2013—2021 年我国居民消费水平情况，如图 5-8 所示。

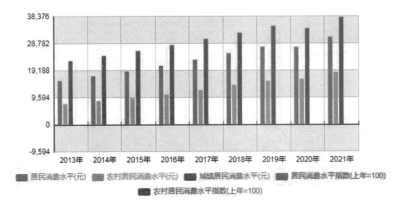

图 5-8　2013—2021 年我国居民消费水平

数据来源：国家统计局

由图 5-8 可知，我国 2013—2021 年的居民消费水平整体呈现上升趋势，其中，农村居民和城镇居民的消费水平也呈现整体上升趋势。

综上所述，我国需要进一步扩大居民消费、提高消费倾向、促进消费结构升级，进一步激发居民的消费潜力。

三、本章小结

本章首先分析了居民消费环境，认为消费环境是居民消费形成和变化的外部条件，它是构成居民消费行为和消费现状的客观背景，分析居民消费环境是深入探究我国居民消费的重要前提。通过分析 2012—2021 年这 10 年间，我国国内生产总值情况和我国居民消费水平情况可知，经济因素的"增长性"特征明显，经济的发展促进我国居民生活水平提升，居民的消费水平逐年得到改善，促使居民消费水平逐年提升变为常态。因此，我国居民既要承受消费水平的逐年上涨，也要承受来自供给侧的动态性的、多种不确定性因素的影响，这种情况之下，我国居民的消费环境具有明显的增长性、动态性不确定性特点，进而在需求侧对居民消费产生显著影响。

其次，本章分别从居民消费总量、消费倾向和消费结构三个维度，判断居民的消费情况。我国在经济发展阶段、储蓄文化、居住消费统计方法等方面与其他国家相比还存在较大差异，存在居民收入、分配、社保、供给等领域的短板问题，居民消费率相对较低。尽管党的十八大以来，我国脱贫攻坚战取得全面胜利，居民消费率相应改善，但是仍然有诸多挑战。通过分析2012—2021年我国居民消费倾向数据可知，我国居民2012—2021年的平均消费倾向呈现下降趋势，由于2020年受到新冠疫情的影响，2020年的居民消费倾向呈现断崖式下降，但是2021年实现反弹。我国2012—2021年的居民消费水平整体呈现上升趋势，其中，农村居民和城镇居民的消费水平也呈现整体上升趋势。

第六章 吉林省居民消费分析
(2011—2020)

本章主要分析吉林省居民消费情况，通过 2011—2020 年，吉林省城镇居民和农村居民的可支配收入、消费支出情况，分析吉林省居民的消费支出趋势。通过 2011—2020 年期间吉林省城镇居民和农村居民城镇恩格尔系数变化趋势，吉林省居民消费率情况、吉林省居民平均消费倾向和吉林省食品类与享受型消费支出占比情况等，分析吉林省居民消费结构的变化。梳理吉林省数字金融指数的发展趋势，结合吉林省居民消费率的变化趋势，揭示数字金融背景下吉林省居民消费潜力的变化趋势。

一、吉林省居民可支配收入及消费支出增加

随着我国经济改革的不断深入，吉林省的居民生活得到了很大的改善。可支配收入和消费支出总体呈上升趋势。

(一)吉林省居民可支配收入持续上升

根据吉林省 2011—2020 年的国民经济和社会发展统计公报，对吉林省城镇居民人均可支配收入、城镇居民人均消费性支出、农村居民人均纯收入、农村居民人均生活消费支出等相关数据进行系统性梳理，汇总得到 2011—2020 年，吉林省城镇居民人均可支配收入与农村居民人均可支配收入趋势情况，见图 6-1 所示。

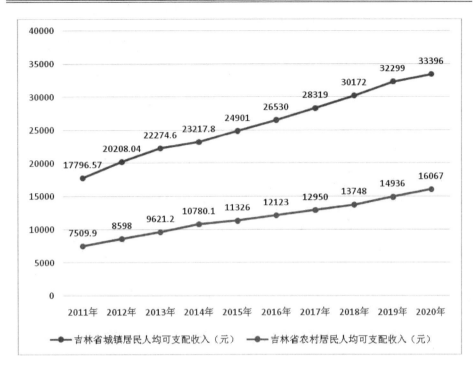

图 6-1　吉林省城镇居民人均可支配收入与农村居民人均可支配收入趋势图

数据来源:《吉林省国民经济和社会发展统计公报(2011—2020年)》

由图 6-1 可知,吉林省城镇居民人均可支配收入由 2011 年的 17 796.57 元,逐步上升至 2020 年的 33 396 元,并且呈现逐年上升的趋势。吉林省农村居民人均可支配收入由 2011 年的 7 509.9 元,逐步上升至 2020 年的 16 067 元,也是呈现逐年上升的趋势。

(二)吉林省居民消费支出逐步提高

2011—2020 年,吉林省城镇居民人均消费性支出与农村居民人均消费性支出趋势情况,见图 6-2 所示。

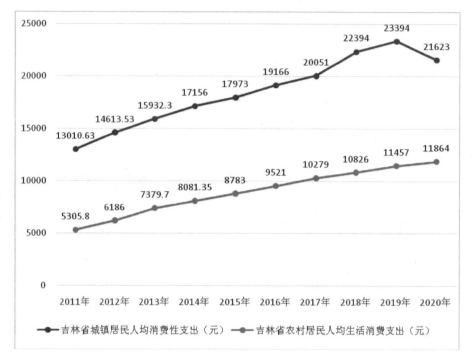

图 6-2　吉林省城镇居民人均消费性支出与农村居民人均消费性支出趋势图

数据来源：《吉林省国民经济和社会发展统计公报(2011—2020年)》

　　由图 6-2 可知，自 2011—2020 年，吉林省城镇居民人均消费性支出由 13 010.63元上升至 2020 年的21 623元，并且呈现逐年上升的趋势(除了 2020 年受到新冠疫情影响导致消费性支出比 2019 年下降 7.6％之外)。吉林省农村居民人均消费性支出由 2011 年的5 305.8元上升至 2020 年的11 864元，呈现逐年上升的趋势。众所周知，居民可支配收入是决定居民消费水平的一个非常重要的要素，平均消费倾向(aveicge propensity to cosuoce，APC)是居民消费支出在居民可支配收入中的占比，APC 能够体现居民的消费意愿和消费能力。吉林省 2011 年到 2020 年的农村居民平均消费倾向总体上升，城镇居民的平均消费倾向在去除受新冠疫情影响大幅下跌的 2020 年数据后，总体在 0.70 与 0.74 之间波动。政府对农村的政策扶持，金融服务可得性得到进一步提升，促进了农村地区居民的消费发展，也有助于减小城乡居民之间的消费差距。

二、吉林省居民消费结构逐渐优化

(一)吉林省居民食物支出占比逐渐下降

互联网相关新技术的出现使居民的消费行为发生改变，居民消费方面的情感需求扩大，人们的消费选择不再是仅仅解决衣食住行等基本生理需求，而是转化成了追求特定产品与理想的自我概念的吻合。换言之，居民在逐渐追求心理偏好的满足，同时也愿意花更多的钱去享受生活。

针对吉林省居民消费结构变化情况，通过衡量恩格尔系数与享受型消费支出占比来判断。其中，享受型消费性支出包括交通和通信、教育文化娱乐、医疗保健、其他用品和服务等四类居民消费支出；享受型消费支出占比即上述四项消费支出总额占当年居民消费总支出的比例。

本课题组成员梳理了 2011—2020 年《吉林省国民经济和社会发展统计公报》中关于吉林省城镇恩格尔系数、农村恩格尔系数的相关数据，得到了吉林省 2011—2020 年城镇恩格尔系数和农村恩格尔系数，具体见图 6-3 所示。

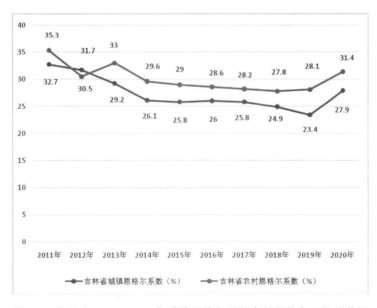

图 6-3　吉林省 2011—2020 年城镇恩格尔系数农村恩格尔系数趋势图

数据来源：《吉林省国民经济和社会发展统计公报(2011—2020 年)》

由图 6-3 可知，吉林省 2011 年—2020 年的城镇恩格尔系数和农村恩格尔系数均呈现出下降的趋势，代表居民食物支出的占比越来越小，享受型消费支出总体上升。尽管受到新冠疫情的影响，但是吉林省 2011—2020 年的城镇居民和农村居民消费总支出均下降，导致其恩格尔系数呈现为上升。但是总体来讲，吉林省居民的消费结构逐步优化，居民在逐渐重视生存型以外的消费。

（二）吉林省居民享受型消费逐渐上升

吉林省居民平均消费倾向，见图 6-4 所示。

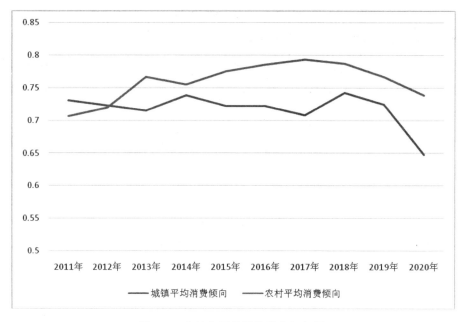

图 6-4　吉林省居民平均消费倾向图

数据来源：《吉林省国民经济和社会发展统计公报（2011—2020 年）》

由图 6-4 可知，吉林省居民的平均消费倾向自 2011—2017 年，比较平稳，但是自 2018 年开始发生变化，出现明显的下降趋势。这种变化情况与吉林省经济社会发展，以及吉林省居民的平均可支配收入等情况有密切的关系。尤其是新冠疫情暴发之后，吉林省经济发展受到一定影响，居民收入也随着受到影响，部分居民的收入出现下降，甚至部分居民失业，这样的结果也导致吉林省居民的平均消费倾向出现较大的下滑。

吉林省食品类与享受型消费支出占比情况，见图 6-5 所示。

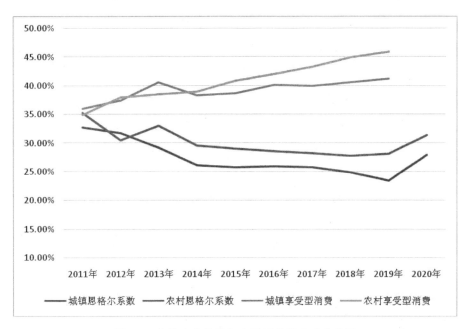

图 6-5　吉林省食品类与享受型消费支出占比图

数据来源：《吉林省国民经济和社会发展统计公报(2011—2020年)》

由图 6-5 可知，吉林省城镇居民和农村居民的食品类消费支出自 2011—2019 年整体呈现下降的趋势。2020 年，由于受到新冠疫情的影响，使得吉林省城镇居民和农村居民的食品类消费支出出现的一定程度的上涨趋势。在享受型消费方面，自 2011—2019 年，吉林省城镇居民和农村居民的享受型消费整体呈现上升的趋势，这与吉林省经济社会不断发展进步，吉林省城镇居民和农村居民的收入水平提升有很大的关系。

从以上分析可知，吉林省经济稳中向好，居民消费结构逐步优化。

三、数字经济背景下吉林省居民消费潜力巨大

(一)吉林省数字经济发展情况

近年来，随着互联网和信息技术的发展，各省纷纷发展数字经济，而吉林省作为东北老工业基地之一，也给予了高度重视，意识到在当前大数据时代，要紧跟时代发展方向，紧抓发展机遇，加快数字化建设，打造"数字吉林"，推进数字产业的发展，强化数字政府建设，从而带动吉林省整体经济稳步提升。

1. 吉林省积极部署5G产业发展

5G产业是吉林省基础建设工作的重要领域，也是推进吉林省人工智能、区块链、物联网与工业互联网相关领域内应用建设的有力保障。为了抢抓5G的发展机遇，吉林省积极加强部署5G网络，在全省加快普及5G应用。2018年，吉林省人民政府办公厅发布了《关于加快推动第五代移动通信网络建设的通知》，对吉林省5G基础网络建设与试点示范应用发展等方面，提供了有力的政策支持。随后，吉林省9个地市(州)相继出台了关于支持5G网络建设的实施建议，以确保吉林省5G网络建设工作顺利开展。明确了吉林省5G基站选址解决措施。基于5G网络频率高、站址密度大等特征，为了更好地实现5G连续覆盖，迫切需要解决选择站址难的问题；明确了吉林省5G网络入场问题的解决方案；明确了加快推进吉林省5G网络审批问题解决方案；明确了吉林省5G用电的优惠政策；明确了吉林省5G行业应用支持政策。根据吉林省通信管理局公布的5G基站相关数据显示，2022年，吉林省建成5G基站13 042个，累计建成5G基站34 092个；光纤用户占比达到94.55%，100Mbps及以上用户达到713.88万户；2023年力争新建5G基站8 000个，行政村5G覆盖率达到60%；到2025年，实现累计建成5G基站5.5万个。吉林省政府相关部门积极布局，积极开展5G网络建设与应用推广。在吉林省政府等相关部门的大力助推下，吉林省涌现出了大批的"5G＋"应用，为吉林省数字经济的发展与吉林省经济社会的高质量发展，起到了有力的助推作用。

2. 吉林省推进大数据产业发展

2019年，《吉林省促进大数据发展应用条例》发布，自2021年1月1日起正式施行。《吉林省促进大数据发展应用条例》中明确了吉林省大数据管理部

门；建立了吉林省大数据全生命周期的管理体系；强化了吉林省大数据平台的核心作用；规定了吉林省大数据发展应用依目录进行管理的机制；推进吉林省公共数据共享和开放；促进吉林省大数据发展应用；强调吉林省数据安全和法律责任。

与此同时，吉林省正在探索建立大数据产业集群，并且在大数据产业集群建设方面不断发力，加大相关政策扶持力度；建立吉林省大数据与先进制造业融合龙头企业；建设吉林省大数据产业发展平台；建设吉林省大数据产业园区等。

3. 吉林省积极布局人工智能产业发展

在贯彻落实我国新一代人工智能发展的过程中，吉林省抢占人工智能发展的重大先机，不断推进吉林省新一代人工智能与经济社会发展深度融合，促进吉林省人工智能产业的发展。2017 年 12 月 24 日，吉林省人民政府发布了《吉林省人民政府关于落实新一代人工智能发展规划的实施意见》，明确吉林省新一代人工智能发展的战略目标；构建开放协同的吉林省人工智能科技创新体系；培育高端高效的智能经济；建设安全便捷的智能社会；加强人工智能领域军民融合；积极推进安全高效的智能化基础设施体系，利用吉林省的云计算数据中心，为人工智能研发和各种应用提供数据支持。

吉林省政府相关部分逐步加大对人工智能技术研发和产业化的扶持力度，2023 年 5 月 29 日，《吉林省制造业智能化改造和数字化转型行动方案(2023—2025 年)》正式出台。着眼打造具有国际竞争力的高端化、智能化、绿色化制造业产业集群，坚持顶层设计、系统推进、平台支撑、分类实施的原则，以深化新一代信息技术与制造业融合发展为主线，以智能制造为主攻方向，以工业互联网赋能为着力点，加快推动制造业质量变革、效率变革、动力变革，着力提升产业链、供应链现代化水平，为加快构建现代产业体系提供有力支撑。重点支持 300 个以上"智改数转"示范项目，力争建成 1～2 家"灯塔工厂"、100 个智能制造示范工厂、300 个省级智能制造数字化车间，通过三年(2023—2025 年)努力，推动全省有意愿的规模以上工业企业完成一轮"智改数转"。

4. 吉林省积极布局云计算产业发展

数字经济产业合作过程中，需要有良好的云计算数据中心网络作为重要支撑。2015 年 6 月 3 日，吉林省政府发布了《吉林省人民政府关于促进吉林省云计算创新发展培育信息产业新业态的实施意见》，初步建成了通信网络基础设施，满足了吉林省云计算的发展需要；提高吉林省云计算服务功能，在吉林省初步建立基于云计算的业务系统，并且在吉林省汽车、农产品深加工和医药健康等重点产业中建立基于云计算的业务系统，吉林省广大中小微企业和互联网用户在创新应用过程中广泛应用云计算服务。

当前，吉林省已经建立了吉林（中国联通）云数据库、吉林数据灾害应急中心等大中型数据中心和东北卓越云等小型数据中心，为吉林省经济社会发展提供了重要的推动作用。除此之外，吉林省还与华为、浪潮、阿里巴巴和IBM 等开展战略合作，建成大型云计算数据中心。其中，华为云计算数据中心已完成了电脑室大楼（5 层）和数据中心机电设备的安装工作，具备验收条件，过渡机房承担了长春市十多个直接云服务业务。吉林省的浪潮长春云计算数据中心一期工程已经竣工，能够安装 180 个标准机架（其中有 55 个标准机架已投入使用），已经投入到吉林省警务云、工业互联网服务平台、智慧经开和智慧汽开等业务的应用中。

5. 吉林省政府的高度重视是制造业数字化迅速发展的主要动力

2013 年，吉林省就出台并实施了《吉林省推进信息化与工业化深度融合专项行动计划（2013—2015 年），2016 年，吉林省人民政府办公厅发布了《吉林省人民政府办公厅关于深化制造业与互联网融合发展的实施意见》，对吉林制造业和互联网发展做出了引导与促进。明确提出了"以促进制造业和服务业融合，以推动工业结构调整提升为首攻方向，以促进工业服务化转型、提升生产性服务业蓬勃发展技术水平、增强工业信息化建设和工业生产要素保障能力为重点任务，大力培植制造业和服务业融入发展的新模式、新产业、新业态，积极推动工业互联网、智能化、协同化、服务化的蓬勃发展。"2020 年按照吉林省委、省政府"数字吉林省"的建设战略部署，为推动新一代信息技术和与实体经济的深入融合，加速推动制造业数字化转型，省工信厅出台了《吉林省工业和信息化厅关于促进制造业数字化转型的指导意见》。2021 年通过

《吉林省现代制造业领域数字化发展"十四五"规划》，明确了现代制造业领域信息互联网数字化的指导思想，"以推动现代工业领域新型互联网现代信息化建设和现代制造业领域融合健康蓬勃发展为主线，以智慧制造业领域蓬勃发展为首攻方向，以现代制造业领域互联网平台建设应用为突破口，以扩大信息融合应用广度和深度、繁荣信息融合健康蓬勃发展的生态体系为着力点，建设以数据信息驱动、应用软件定义、网络平台承载、业务增长、智慧服务引领的现代化信息工业体系，全力推动现代制造业领域数字化转型升级，推动高质量经济蓬勃发展。"上述优惠政策的制定，将重点从推进数字公共基础设施建设、发放政府财政补贴、建立数字产业园、引导地方发展数字等方面帮助中小企业数字化转型，给中小企业创造了基础设施建设和数字通信服务等方面的便利，大大降低了数字化转制成本，加快了中小企业数字化转制的进度。

吉林省虽是传统的农业大省，但制造业发展较好，规模较大，实力较强，为制造业数字化提供了较强的基础。信息通信技术、5G、大数据等的迅速发展为吉林省制造业企业提高生产率和产品质量提供了新的机遇。从制造到智造，这是工业发展的趋势。吉林省紧抓支柱优势产业，采取实施两化融合贯标、建立智能制造业项目、推进制造业互联网应用、培养智能制造解决系统解决方案供应商等举措，不断推动新一代信息化技术和制造业的深化融合，积极打造产品全生命周期智能制造体系，制造业数字化规模逐步扩大。华微电子、奥来德光电、一汽解放轿车股份有限公司、中车长客等已成为我国汽车制造业的单项冠军(培育)中小企业。以智能制造为主攻方向，以工业互联网平台建设应用为突破口的制造业数字化是吉林省数字经济发展的主攻方向，也是数字经济发展的主要动力。

吉林省作为农业大省，非常重视农业数字化发展。吉林省农业农村厅印发《吉林省实施数字农业创新工程推动农业高质量发展的实施意见》，明确提出大力开展数字农业技术创新工程建设，加速推进吉林数字农业建设，以数字化技术推进农业乡村现代化，助力推动乡村振兴。

(二)吉林省数字金融指数分析

在我国数字金融发展情况的量化数据方面，北京大学金融研究中心和蚂蚁集团合作编制了 2011—2020 年数字普惠金融指数，该项指数涵盖我国 34 个省级行政区 2011—2020 年的数字金融信息，总结了涉及地区的数字金融总指数，还测算了数字金融的覆盖广度、使用深度和数字化程度等 3 个一级维度指数。支付宝作为我国最大的第三方网络支付平台，累积了全国各地活跃用户的交易信息数据，数据的覆盖性和真实性都有保障。由此而来的数字普惠金融指数较为可靠地体现了我国各地的数字金融发展现状和趋势。

整体来看，这十年我国的数字金融发展实现了跨越式上升，目前度过了高速成长阶段，增长速度开始逐步放缓，发展方向也由之前的广度向现在的深度靠拢。吉林省作为东北老工业基地和农业大省，同时受地理因素的影响，经济发展速度落后于南方，在数字金融领域中一直低于全国平均水平，排名位处于 34 个省级行政区的下游位置。但通过时间纵向对比能看出吉林省数字金融处于上升趋势。

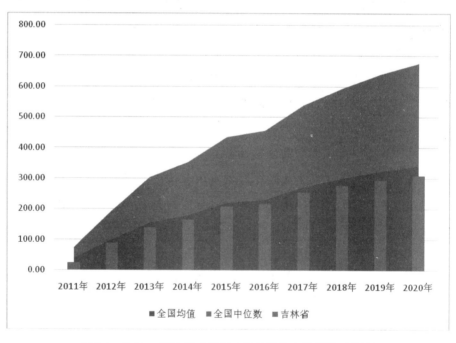

图 6-6　2011—2020 年全国与吉林省数字金融指数对比图

数据来源：北京大学数字金融研究中心

　　由图 6-6 可知，吉林省 2011—2020 年的数字金融总指数与三个子维度指
数情况，吉林省的数字金融指数由 2011 年的 24.51 增长至 2020 年的 308.26，
翻了十倍之多，覆盖广度、使用深度和数字化程度也各有可观的增长。其中，
数字金融发展的数字化程度在统计期前五年增速明显，但在后几年下降并趋
于平缓，这也是近几年吉林省排名下滑因素之一。

　　分析吉林省排名下滑的原因，主要有：在数字金融发展的前期，数字化
程度在发达地区已经发展到一定程度，相对落后的地区，如吉林省等更容易
从数字化程度中获得便利实惠等特性。但是在数字金融发展的后期，上述优
势达到一定的瓶颈期，且对应的政策和配套的金融硬件设施不够全面充足，
导致融资利率环境变差，难以突破，此时，吉林省的数字化程度排名也出现
下滑。

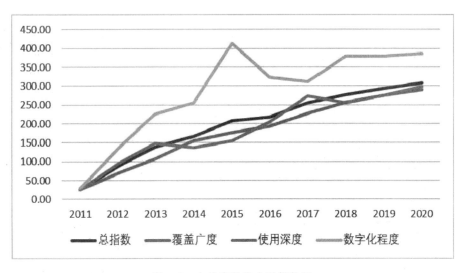

图 6-7　吉林省数字金融指数图

数据来源：北京大学数字金融研究中心

　　由图 6-7 可知，吉林省的数字金融指数中，数字金融总指数、覆盖广度、
使用深度和数字化程度等一级维度指数，均呈现出总体上升的趋势。吉林省
数字金融指数的发展趋势，也从一定程度上表明吉林省数字金融逐步发展，
并且也将在全省社会经济和居民消费等方面发挥着一定的作用。

(三)吉林省居民消费率分析

20世纪80年代开始,由于居民收入差距不断增加,消费倾向偏低,居民储蓄率高等问题的存在,吉林省居民消费率持续下降,在2006年起便一直低于全国平均水平。1978—2016年吉林省居民消费率情况,见图6-8所示。

图 6-8　吉林省居民消费率图(单位:%)

数据来源:《吉林省国民经济和社会发展统计公报(1978—2016年)》

由图6-8可以看出,吉林省的居民消费率从2012年左右开始从下降趋势趋于平稳,并在2016年起呈现微弱上升趋势,而2013年正是数字金融出现并开始发展的时间,由此推测可能是数字金融普惠性和便利性等优势提升了吉林省居民消费水平。对比全国和吉林省2012—2016年的消费率变化情况,全国居民消费率上涨明显,吉林省居民消费潜力还有很大空间。

根据国家统计局吉林调查总队的数据,2021年的上半年,吉林省城镇居民的人均消费支出为11 654元,同比增长了21.3%;吉林省农村居民的人均消费支出为5 879元,同比增长了22.0%。2021年的上半年,吉林省社会消费品零售总额为1 931.43亿元,同比增长了18.8%;吉林省网络销售额同比增长了21.7%,全省农村网络零售额同比增长了41.4%。可见,2021年上半年，在新冠疫情的影响下，吉林省居民被压抑的消费需求正在加快释放，消费复苏势头较明显。尤其是在数字经济发展之下，吉林省数字金融发展态势良好，也使得吉林省居民消费潜力的提升空间逐步扩大。

四、本章小结

本章分析了吉林省居民消费行为，2011—2020年，吉林省居民可支配收入和消费支出总体呈上升趋势；居民城镇恩格尔系数和农村恩格尔系数均为下降的趋势，表明吉林省居民的食物支出占比越来越小，享受型消费支出总体上升。不仅如此，吉林省居民的消费结构也在逐步优化，居民在逐渐重视生存型以外的消费。随着吉林省数字金融的快速发展，数字金融普惠性和便利性等优势逐步显现，吉林省数字金融指数的覆盖广度、使用深度和数字化程度也各有一定程度的增长。吉林省作为东北老工业基地之一，也意识到在当前大数据时代，要紧跟时代发展方向，紧抓发展机遇，加快数字化建设，打造"数字吉林"，推进数字产业的发展，强化数字政府建设，将数字经济融合到实体经济中，发挥出二者的优势，推动吉林省数字经济发展，从而带动吉林省整体经济稳步提升。

第七章　数字金融对异质性消费行为的影响分析——以吉林省为例

本章结合吉林省数字金融服务居民消费政策，分析吉林省数字金融的发展现状及其对吉林省居民消费服务成果。分析数字金融如何通过便利居民支付、缓解流动性约束、减少预防性储蓄、减少损失厌恶等四种机制促进居民消费，进一步揭示数字金融对吉林省居民消费行为的影响路径。

一、吉林省数字金融服务居民消费的鼓励措施

居民消费是社会消费的基础，对吉林省经济高质量发展起着非常重要的作用。吉林省居民的生活水平不断提高，居民消费领域中面临的选择日益丰富，居民的消费需求越来越多样化和高质量。

（一）吉林省政府出台政策鼓励居民消费升级

吉林省政府积极贯彻落实党的十九大精神，突出吉林特色，坚持消费引领，发布激发居民消费潜力的实施方案，鼓励和引导居民健康消费，实行鼓励和引导居民消费的政策，以增强消费对吉林省经济社会发展的促进作用。吉林省积极推动"数字吉林"建设，《关于完善促进消费体制机制进一步激发居民消费潜力的实施方案》中，多条与数字经济相关内容，覆盖食品、出行、医疗、社区等多个领域。鼓励符合条件的市场主体在吉林省成立消费金融公司，鼓励银行业金融机构探索消费贷款线上申请、审批和放贷的模式。由此可见，政府借力数字金融进一步释放吉林省居民消费潜力的政策导向。

2018 年 7 月，吉林省委提出建设"数字吉林"，2021 年 6 月，华为吉林数字峰会在长春举行，聚焦数字金融等行业数字化转型，发展数字化消费，培

育发展以电子商务、互联网金融等为重点的服务业新业态，加快形成新供给。

(二)吉林省金融机构多措并举鼓励居民消费

在吉林省政府倡导鼓励居民消费的同时，吉林省金融控股集团打造了全线上化的农村数字金融综合服务平台，对农户进行全方位的信用评定，有效缩短借贷流程时间，提升金融服务可得性，为农村居民消费提供便利。吉林省传统商业银行相继开展了网络金融业务，加强数字金融服务，逐步影响城乡居民消费行为。根据《2019年吉林省国民经济和社会发展统计公报》数据显示，2019年，吉林省城镇居民的人均可支配收入的增长率为7.1%、人均消费支出的增长率为4.5%；与此相对应的，吉林省农村居民的人均可支配收入的增长比例为8.6%、人均消费支出的增长比例是5.8%。

二、数字金融对吉林省居民消费行为的影响路径

数字金融渗透了居民生活各方面，凭借其移动支付、网上借贷、数字保险等业务便利了居民支付和借贷等方式，极有可能对居民消费起到很大的积极作用。本研究认为数字金融对吉林省居民消费行为的影响路径有便利居民支付、缓解流动性约束、减少预防性储蓄、减少损失厌恶等四种。为了进一步理解数字金融对吉林省居民消费行为的内在机理，本节将结合居民消费理论、吉林省居民现状和数字金融特点进行分析并提出假设。

(一)便利支付机制

移动支付的出现极大地便利了居民的生活，使消费者使用金融账户的频率上升。网上购物的方式更是推动了居民的消费频率。在新冠疫情影响之下，如下数据体现了数字金融便利支付的优势。

吉林省的移动互联网用户逐年增多，根据吉林省统计局数据显示，2014年移动互联网用户为1 646.1万户，2020年增长至2 445.03万户，平均年增长率为6.8%。行为生命周期理论中提到了"自我控制"效应，消费者需要在偏好增加的效用量和自控减少的效用量中寻找平衡点。中青年群体大多是伴随着互联网的发展长大，对网络的学习能力和接受能力都比老年人高，中青年群体已成为移动支付的主力军。中国电子商务协会的数据显示，我国网络购物用户年龄整体年轻化，2019年19～40岁的网络购物用户占比高达70.5%，

年轻人的自控力不如老年人，拒绝消费需要减少更多的效用量。数字金融的另一优势是获得客户的行为信息，可以利用大数据刻画消费者的消费偏好，在面对网络上眼花缭乱的喜爱的商品时，消费意愿进一步提升，压抑消费行为的心理成本增大，网络用户容易出现自控不足而选择消费的现象。

此外，时间偏好理论认为人类短期偏感性长期偏理性，消费者在短期容易冲动消费，当出现消费意愿时，便利支付的存在能够推进消费流程在短期内快速完成，同样提升了消费者的消费水平。

(二)缓解流动约束机制

消费需求是获得某种物品或劳务以满足消费的欲望，实现消费的前提是有支付能力且有消费意愿。当消费者流动资产不足且信贷受限时，会出现流动性不足，消费者需要主观或被迫地减少当期消费。数字金融提供了网上借贷业务，拓宽了融资渠道，因为其普惠性的特质，金融机构能够借力陆续打通"最后一公里"，使得原本被排斥在金融体系外、最易受到流动性约束的低收入群体也能够实现方便快捷的信用借贷。

有诸多消费者利用网上消费信贷等借贷方式进行跨期消费。数据显示，吉林省的消费贷款余额从 2016 年的 2 693.35 亿元[①]，增长至 2020 年的 5 590.41 亿元[②]。线上借贷平台是吉林省服务"三农"的有力支撑，以吉林省金融控股集团为例，该集团建立了全线上化的农村数字金融综合服务平台，通过"吉农金服"App，农户还可以完成金融业务办理、商城和远程辅助等服务功能。截至 2023 年 4 月 25 日，吉林省金融控股集团的"吉农金服"农村数字普惠金融服务模式已经累计为 9.34 万农户解决贷款需求 66.91 亿元，帮助农户扩大种、养规模促进增收 40.04 亿元；累计帮助 2 046 户农户购买农机 3 582 台，发放农机购置贷款 1.5 亿元。2023 年一季度为 1.17 万农户解决融资需求 9.64 亿元。[③] 可见这种方式对缓解居民流动性约束起到了很大帮助。这样既有助于释放居民被抑制的消费需求，也有助于提升居民消费。

---

① 吉林省 2016 年国民经济和社会发展统计公报[R].吉林省统计局，2017.3.23.
② 吉林省 2020 年国民经济和社会发展统计公报[R].吉林省统计局，2021.4.12.
③ 农村金融数字化转型助力乡村振兴[EB/OL].（2023 年 04 月 25 日）https://www.jljrkg.com/html/1/59/68/1383.html

（三）减少预防储蓄机制

根据凯恩斯的理论，一般情况下，随着未来不确定性的增加，消费者也会相应地增加其预防性储蓄，相应地减少其当期消费。数字保险是数字金融的一项重要业务，未来发展势头向好，对于未来的不确定性，居民可以通过数字保险、网络互助等进行风险转移，通过购买寿险财险等减少对将来财产损失的担忧。

数字保险可以为居民提供保障，减少未来不确定性。当前，吉林省政府相关部门越来越重视农业数字保险的发展，2020年3月，吉林省发布的《关于加快吉林省农业保险高质量发展的实施方案》中提出，要加强农业保险科技的应用，鼓励"科技赋能"，鼓励将卫星遥感、人工智能、农业大数据等技术，广泛应用于吉林省农业保险的各个环节，以实现吉林省保险领域的精准承保和精准理赔，提升吉林省农业保险发展新动能。

一般情况下，用居民储蓄率来观察居民的预防性储蓄情况，即以居民人均可支配收入（用 Y 表示）与居民人均消费支出（用 C 表示）之差在居民人均可支配收入（用 Y 表示）中的占比，用公式表达为：$S=(Y-C)/Y$。抛开2020年来看，吉林省城镇居民的储蓄率近些年没有明显的上升或者下降趋势，但是吉林省农村居民的储蓄率明显下降，相应减少的预防储蓄使得消费上升。

（四）损失厌恶机制

从前景理论的角度来讲，人们是损失厌恶者而非风险厌恶者，喜欢确定性的结果，计较财富变化情况。假如一个消费者很喜欢某一件衣服，售价100元，此时他知道三天后店铺会搞活动，到时这件衣服只需5折。从决策过程来看，消费者会确定一个参考线，如果他已经决定要购买，那这个参考线便是损失100元，在活动期买损失是50元，比较参考水平可以简单地看成收益了50元。如果他还不确定是否购买，"确定性效应"和"反射效应"会大大提高他的购买概率，排除极端因素，综合结果是消费者极有可能进行消费，在活动期间购买这件衣服。

当前社会已经进入数据时代，网络带来的曝光度远比线下要高，人类获知信息的来源越来越广，成本越来越低。随着各类线上促销活动的快速发展，其中最成功的当属"618"与"双11"大促。这两个是电商行业每年力度最大的活动，对于消费者将来极有可能要买的商品，从未来的活动机制来看，目前活动价格是最便宜的，则现在消费的价值最高，消费者极有可能选择提前消费，即使商品现在并不需要。2021 年 06 月 19 日，星图数据显示，2021 年"618"大促期间，即 2021 年 6 月 1 日零点至 6 月 18 日 24 点，全网交易总额高达 5 784.8 亿元，同比增长 26.5%，两个大促活动连续几年创新高，足见居民消费力的提升。

根据国家统计局数据显示，2020 年，吉林省消费者的人均消费力排名全国第 20，消费特色是农资园艺产品以及健康医护产品，整体消费向好且潜力大。与大促活动相似，直播带货的兴起也是相同原因，直播间里更加优惠的制度会吸引更多消费者，从而带动居民消费的增长。

数字金融影响居民消费行为的机制流程，见图 7-1 所示。

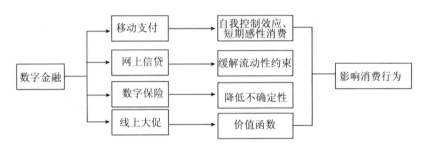

图 7-1　数字金融影响居民消费行为的机制流程图

由图 7-1 可知，数字金融主要通过便利居民支付、缓解流动性约束、减少预防性储蓄、减少损失厌恶等四种机制促进居民消费，便利支付能够使居民进行无纸币化交易且在短时间内能迅速线上完成，扩大了居民感性消费规模。居民本身会受到资金不宽裕、预期未来收入下降而减少消费的限制，数字金融通过网上信贷和数字保险业务可以缓解这两种限制，使民用较低的心理负担满足当下消费需求，实现效用最大化；损失效用机制指在线上各式各样的促销方式下，针对居民在损失厌恶心理作用下愿意超前消费来获取更低价格的产品或者服务，从而推动居民消费。

三、数字金融对吉林省居民消费升级的影响

(一)吉林省居民消费支出的变化

伴随吉林省经济社会的发展，吉林省居民的人均可支配收入逐年提升，吉林省居民的人均消费性支出也呈现逐年上升的趋势(根据图 6-1 的数据，除了 2020 年受到新冠疫情影响导致消费性支出比 2019 年下降 7.6％之外)。尽管受到 2020 年新冠疫情的影响，吉林省居民恩格尔系数上升，但是总体来讲，吉林省居民的消费结构逐步优化，居民在逐渐重视生存型以外的消费。

2021 年上半年，吉林省城乡居民人均消费支出、社会消费品零售总额、网络消费中网络销售额、农村网络零售额等数据均呈现出上升趋势。由此可见，吉林省居民受新冠疫情的影响，被压抑的消费需求正在加快释放，消费复苏势头较明显。

根据吉林省统计局的数据，吉林省城镇居民消费支出总额从 2011 年的 13 010.63元逐年提升，到 2019 年吉林省城镇居民消费支出总额为23 394.28元，具体见图 7-2 所示。

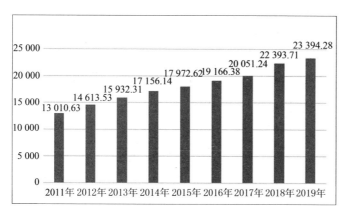

图 7-2　2011—2019 年吉林省城镇居民消费支出总额变化图(单位：元)

数据来源：吉林省统计局

由图 7-2 可知，2011—2019 年，吉林省城镇居民消费支出总额总体呈现上升的趋势，城镇居民的消费热情逐渐提升。

　　根据吉林省统计局的数据，吉林省农村居民消费支出总额从 2011 年的 5 305.75元逐年提升，至 2019 年吉林省农村居民消费支出总额为 11 456.59 元，具体见图 7-3 所示。

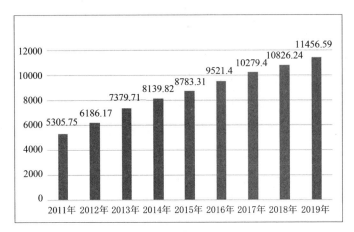

图 7-3　2011 年—2019 年吉林省农村居民消费支出总额变化图（单位：元）

数据来源：吉林省统计局

　　由图 7-3 可知，2011—2019 年，吉林省农村居民消费支出总额总体呈上升趋势，农村居民的消费热情逐年提升。

（二）吉林省居民消费结构的变化

　　根据吉林省统计局的数据显示，2011—2019 年，吉林省城镇居民和农村居民消费支出情况，见图 7-4，图 7-5 所示。

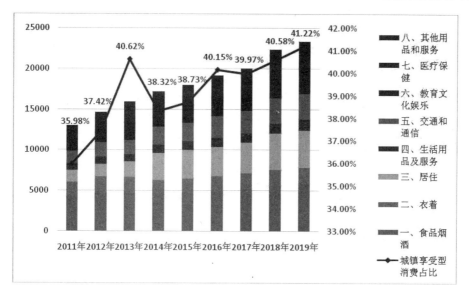

图 7-4 2011—2019 年吉林省城镇居民各类消费指数占比情况图(单位：元)

数据来源：吉林省统计局

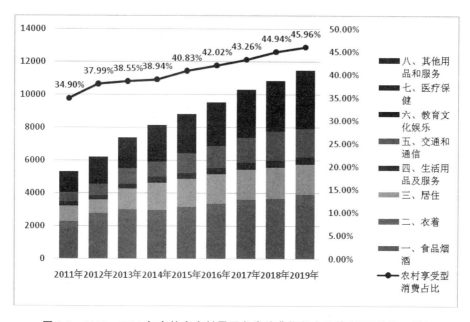

图 7-5 2011—2019 年吉林省农村居民各类消费指数占比情况图(单位：元)

数据来源：吉林省统计局

由图 7-4，图 7-5 可知，2011—2019 年，吉林省城镇居民和农村居民的消费支出中，食品烟酒类消费支出所占比最大，而占比最小的是其他用品和服务。2011—2019 年，吉林省城镇居民和农村居民的享受型消费占比则整体呈现上升趋势，吉林省城镇居民和农村居民的享受型消费支出接近消费总支出的一半，说明吉林省城镇居民和农村居民的消费结构逐渐发生变化，逐步倾向于享受型消费

(三)数字金融对吉林省居民消费结构的影响

在数字经济发展背景下，近年来，吉林省数字金融的发展态势良好，也使得吉林省居民消费潜力的提升空间逐步扩大。

2011—2019 年，吉林省居民消费支出情况与吉林省数字金融指数趋势，见图 7-6 所示。

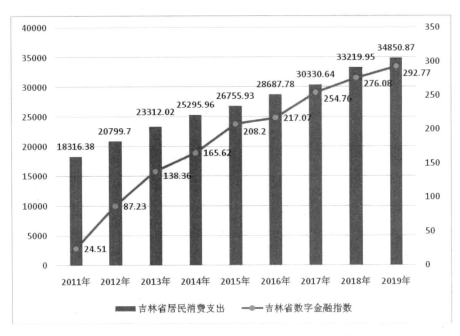

图 7-6　吉林省居民消费支出与数字金融指数趋势图(单位：元)

数据来源：吉林省统计局，《北京大学数字普惠金融指数》

由图 7-6 可知，吉林省数字金融的发展趋势与全省居民的消费发展趋势基

本吻合。2011—2019 年，吉林省数字金融指数从 2011 年的 24.51 逐步上升至 2019 年的 292.77，增长了 1 194％，可谓上升趋势迅猛。尤其是从 2013 年的数字金融"元年"开始，吉林省数字金融指数上升至三位数，吉林省数字金融也进入快速发展阶段。近年来，吉林省政府积极推动数字金融发展，大力培育以电子商务、科技金融等为重点的服务业新业态，加快形成新供给，为吉林省居民消费提供新动力。

由图 7-6 可知，吉林省居民消费支出数额从 2011 年的 18 316.38 元，逐步上升至 2019 年的 34 850.87 元，增长了 90％。结合吉林省城乡居民在 2011—2019 年的消费支出情况，可知，随着吉林省数字金融的逐步发展，吉林省城乡居民的各类消费支出不断提升，居民的消费结构也不断优化，倾向于享受型消费。

可见，吉林省居民消费支出与数字金融指数趋势同向变化，反映数字金融在吉林省居民消费过程中发挥着重要推动作用，对吉林省居民消费行为产生一定影响。随着数字金融的发展，吉林省居民的消费结构逐渐发生变化，逐步倾向于享受型消费，促进了吉林省居民消费升级。

四、本章小结

吉林省是我国老工业基地与农业大省，加上受地理环境约束，金融发展不比我国中南部，数字金融的应用也相对缓慢，但是整体趋势向好，在三个子维度中的数字化程度增幅最大，但目前该项发展到了一定的瓶颈期，难以突破。近些年，吉林省城乡居民的消费结构逐步得到优化，居民越发注重基本生存型消费之外的消费支出，恩格尔系数降低，城乡居民消费不断向享受型消费延伸。从吉林省城乡居民的消费率情况看，吉林省和全国消费率相比依旧落后，不管是在数字金融发展程度上还是居民消费潜力上，未来都还有很大的推进空间。

数字金融主要通过便利居民支付、缓解流动性约束、减少预防性储蓄、减少损失厌恶等四种机制促进居民消费，便利支付能够使居民进行无纸币化交易且在短时间内能迅速线上完成，扩大了居民感性消费规模。吉林省政府和相关部门响应国家号召，重视数字经济战略发展，发布多项政策支持数字经济的发展，借力数字金融进一步释放吉林省居民消费潜力的信心强烈。

随着数字金融的发展，对吉林省居民消费结构产生一定影响。由吉林省城乡居民在 2011—2019 年期间的消费支出情况可知，随着吉林省数字金融的逐步发展，吉林省城乡居民的消费结构逐渐优化，逐步倾向于享受型消费，促进了吉林省居民消费升级。

第八章　全国统一大市场建设的内涵、逻辑与制约因素

建设全国统一大市场是构建新发展格局的基础支撑与内在要求，塑造国际合作和竞争新优势的必然选择。本章主要分析全国统一大市场的内涵、逻辑框架、制约因素等。

一、内涵解析

2022年3月25日，中共中央、国务院下发《关于加快建设全国统一大市场的意见》（以下简称《意见》）提出，从强化市场基础制度规则统一、推进市场设施高标准联通、打造统一的要素和资源市场、推进商品和服务市场高水平统一、推进市场监管公平统一、进一步规范不当市场竞争和市场干预行为等方面，推动我国市场由大变强。

当前世界正处于百年未有之大变局的非常时期，西方发达国家逐步兴起逆全球化的思潮，国际形势越发的不稳定与不确定性，国际大循环的动能逐步降低。此刻，国内大循环已经彰显出其重要性地位，我国要努力推动经济发展向内需占主导地位的转变。

全国统一大市场的建立包括了时间和空间等不同维度，涉及制度规则、市场监管、商品与贸易流通、城乡区域发展与基础设施建设等多个领域范围。掌握全国统一大市场建设的内涵与意义，是科学构建全国统一大市场的重要前提条件。众所周知，市场是买方与卖方之间根据某种商品、服务等要素进行交易的场所，有一套系统的制度规则，并以此为基础形成的资源配置机制，主要由供求机制、竞争机制和价格机制构成。与此同时，市场体系是由不同

种类、不同地域、不同形式的市场共同构成，彼此之间相互联系，互相支撑的复杂的经济社会系统，主要由市场主体、市场客体、市场运行机制，以及市场保障制度等要素共同构成。

全国统一大市场建设是一个制度规则统一、机制完善、产业融合、区域协同发展、流通畅通的市场。它是在市场发展到一定程度之后所形成的一种高级形式，是现代化市场体系的重要组成部分，是市场机制发挥重要作用的重要载体。从空间角度出发，全国统一大市场建设强调市场开放的同时，一国之内区域市场之间的统一与协同发展。从时间角度出发，只有当经济建设发展到一定的高度时，基础设施与科学技术也均实现一定的发展水平时，才有建成全国统一大市场的可能性。从规模角度出发，全国统一大市场建设重点关注的是不同市场之间能够形成相互协调、共促发展的联系之后，利用规模经济、范围经济、分工深化等因素，助力我国充分发挥经济规模优势。从本质特征的角度出发，全国统一大市场建设的本质是要实现"统一"，其建设的核心为通过不同市场的开放、协同和融合，能够最大限度地提升资源配置效率与竞争力。

综上所述，全国统一大市场建设需要具备以下四个方面的"统一"。

二、逻辑框架

(一)理论逻辑

全国统一大市场的建设需要掌握市场经济的一般性规律，充分发挥统一市场在提升市场配置资源效率、降低经济运行成本、提高经济发展质量，以及提升经济发展效益等方面的助力作用。理论分析表明，提升市场的统一性与协调性，能够从诸多角度健全市场机制，促进经济循环更加畅通。

1. 促进制度性交易成本的下降

全国统一大市场建设有助于打破多种显性、隐性的市场壁垒，破解约束商品和要素跨区域流动的体制阻碍与基础设施障碍，改善企业跨区域运营的经营环境。建立统一大市场，有助于推动各个市场主体持续性降低其签约履约、企业协商决策与全社会物流信息等相关成本，进一步降低整个市场上经济运行的制度性交易成本；也有助于市场交易主体运用更低的制度性交易成本，激发其生产经营的活力，进而提高我国市场主体对外来资本、人才与相关技术的持续性吸引力。

2. 促进区域化分工的深入

全国统一大市场建设有助于逐步解决各个领域、各个行业的市场分割问题，有助于降低企业开展跨区域业务的成本，能够激发企业开展跨区域分工和协作的积极性。更大范围的、更多企业参与的分工协作能够不断提高企业生产经营的专业化程度，能够有效发挥区域的比较优势，逐渐破解区域之间的产业结构趋同的问题，破除产业发展中低水平重复建设等困境。随着全国统一大市场的建设，市场规模与产业规模不断扩大，能够有助于促进具备条件的地区实现产业集群式发展，进而更有效地发挥规模经济与范围经济所具备的优势。

3. 助力先进技术传播

全国统一大市场的建设，有助于破除各种资本、技术、人才等跨区域转移限制的体制壁垒，有助于加强先发地区与后发地区之间开展跨区域的商品要素流通行为。伴随流通成本的降低与体制约束的下降，先发地区的管理经验、资本、技术和人才等要素均能够被后发地区更加容易地借鉴与运用。以此为基础，将产生跨区域的技术溢出效应，进而推动先进技术的传播与扩散，有助于后发地区借鉴学习并形成后发优势。

4. 能够成为市场公平竞争的重要保障

全国统一大市场的建设有助于破除相关地方保护主义政策，消除多种违背统一大市场建设的行为，进而逐步消除不合理的行业进入壁垒。积极消除关于政府采购、财政补贴、税收优惠、招投标等领域中存在的歧视性行为，为营造竞争公平、规则公平和方法公平的市场环境提供重要保障。在公平竞争市场环境逐步完善之下，不同所有制、不同规模、不同注册地的企业能够处于同一水平线上展开公平竞争，进而促进技术水平更高、创新能力更强、产品与服务质量更优、管理能力更强的企业不断胜出，进而实现统一大市场的优胜劣汰。

5. 凸显出巨大的市场优势

在深化分工的基础之上，逐步丰富国内产业链与供应链体系，能够促进多产业链协同发展模式的快速形成，促进产业链、供应链应急保障能力的有效提升，进而保障产业链与供应链实现安全稳定发展。在建设全国统一大市场的背景下，逐步拓展市场规模，有助于提升企业研发投入的回报率，有助于激发企业研发与创新的积极性。上述做法均有助于我国快速地实现高水平自立自强，有助于我国在全球产业链中地位的提升。此外，在建设全国统一大市场的背景之下，市场规模优势有助于支撑我国在制定全球经贸规则中的制度性话语权，有助于提升我国企业在全球商品与服务市场中的定价权与规则制定权。

(二)运行逻辑

一些发达国家之所以能够在元器件、工业软件、高端的机械制造产业等领域中处于领先地位，主要是借助他们强大的统一化市场竞争、公平的市场监管、高标准的市场联通、先进的技术和数据支撑等优势。以美国为例，统一性的资本市场为其半导体产业的快速发展提供了良好的市场环境。19世纪70—80年代，美国出现了总供求失衡的状况，经济发展陷入"滞胀"状态，这时期的半导体产业尚处在初创期阶段，有投资规模大、回报周期长、资本风险高等特点，导致中小微型半导体企业很难从银行获得信贷支持，也很难从债券市场融得资金。此时，美国政府采取措施，设立创投研发资金，成立了技术联盟，进而强化了半导体产业领域中的霸主地位。但是，统一的要素与资源市场仅仅给其经济高质量发展提供了一个可能性。假如一国不具备适宜的资源与相关制度作为支撑条件，纵使其拥有再大的统一大市场，其要想实现经济的高质量发展，也只能是"无源之水"。因此，建立一个能够洞悉统一大市场建设运行的逻辑框架，有助于推进"加快构建新发展格局，着力推动高质量发展"。

1. 全国统一大市场建设的运行机制

首先是生产环节机制方面，由非均衡状态转向均衡状态。非均衡战略观点认为，增长并非同时出现在所有地方，而是通过不同的强度，先出现在某些增长点之上，然后再通过不同的渠道扩散出来，能够最终影响到整个经济产生环节。非均衡战略的优点就是能够"先富带动后富"，但是存在"锁定效应"的消极影响。因为长期将生产要素过度提供给某些部门或者某些地区，造成要素配置扭曲化，供给结构越发不能够适应需求的新变化趋势，造成经济循环不畅通，导致经济处于"结构性低迷"的持续性低速增长之中。与此同时，因为过度依赖产业政策调控，不利于市场经济的充分竞争，而公平竞争是市场经济的核心要素，国家明确提出"强化竞争政策基础地位"，这是促进要素市场化配置，也是建设统一开放、竞争有序的市场体系的内在需要。党的二十大报告指出，优化重大生产力布局是促进区域协调发展战略的重要举措。这代表着生产要素环节将由非均衡战略方向转向均衡战略方向，并且进一步强化竞争政策的基础性地位，通过市场机制来决定资源的有效配置。实施"均衡战略"的意义在于：能够充分发挥市场在资源配置中的决定性作用，能够使需求更好地引领与优化供给，促进供给更好地服务与扩大需求。通过"均衡战略"有助于集聚资源，助力补齐短板，最终形成助推经济发展的合力。

其次是分配环节机制，将由效率优先转向注重公平。增长与分配、效率与公平直接关系到扩大消费与畅通国内经济大循环。我国"效率优先、兼顾公平"的激励机制的实施，对处于经济发展初级阶段所存在的生产效率低、技术落后、市场化程度低等问题，能够帮助部分经济欠发达地区实现后发赶超。但是应该注意的是，社会福利、资源配置倾向于东部沿海地区和城市地区的做法，不利于城乡之间的均衡发展，也不利于沿海地区和中西部地区之间的均衡发展，容易造成社会收入与居民财富差距的加大，易导致社会流动放缓，甚至会引发不同地区、不同行业、城乡，以及社会群体之间发生社会矛盾冲突的问题。在收入分配方面，资本要素所有者不断进行财富的积累，而劳动要素所有者却面临下降的集聚财富的能力问题，最终导致财富差距不断增大。根据《中国收入分配报告 2021》统计，2009 年，我国的财产性收入占比为2.5％，2020 年的占比达到 8.7％，占比实现大幅度的提高；2009 年的劳动性收入占比为 72.1％，而 2020 年的占比则下降到 55.7％，下降幅度较大。2020 年财产性收入增长 6.6％，远高于同年的工资性收入的 4.3％和经营性收入的 1.1％。现实的问题在于，收入分配的失衡容易使消费倾向与需求结构受到不同程度的影响，并且影响总需求水平，对经济发展造成阻碍，易陷入中等收入陷阱。我国居民的贫富差距问题是政府相关部门高度重视的问题，贫富差距问题影响我国经济的健康发展，影响我国社会稳定发展。社会各界均须正确理解和把握实现共同富裕的战略目标，认识实现共同富裕的实践途径，自觉主动地解决地区发展差距、城乡发展差距和收入差距等问题，重视向农村、基层和欠发达地区的政策倾斜，不断向困难群众实施倾斜政策，以促进社会公平正义。要更加注重公平与共同富裕，逐步消除阻碍分配环节中的要素自由流动的行政壁垒与市场壁垒，进一步提升均衡性与可及性，最终实现共同富裕。

最后是需求环节机制，将需求从属供给转变为需求牵引供给。当前，国际环境越发复杂，国内经济发展也面临着需求收缩、供给冲击、预期转弱这三重压力，出现了国内市场上的供给无法满足需求升级带来的结构性失衡问题。所以，需要进一步加强需求侧的管理力度，更加注重供给体系对我国国内需求的适配性的提升作用，并且采取相关措施，逐步形成国内市场上的需求牵引供给、供给创造需求的更高水平的动态平衡发展状态。对此，可以将国内市场上的终端需求驱动供给的路径分解，即需求质量效应和需求规模效应，以及需求互补效应驱动供给，重点破除妨碍统一大市场流通与消费环节顺利开展的堵点问题。可以采取的措施，主要包括：在统一大市场上构建需求平台，逐步改造传统的生产、流通、经销和服务领域的全过程需求，引导其慢慢向数字化方向和数字化模式转变，并且结合订单生产、渠道替代和平台整合等相关改造；创新统一大市场上的消费模式，改造传统的市场体系，运用C2M、场景体验模式、共享经济、智慧零售模式等新业态、新模式，重塑市场上的传统交易流通模式；建立统一大市场上的消费保障模式，积极使用智慧供应链等追溯平台的优势资源，力保统一大市场上的生产者责任延伸制度和信息可追溯化体系能够有效实现对接。

2. 全国统一大市场建设耦合协同

当前，我国经济已经转向了高质量发展的重要阶段。受到俄乌冲突、中美经贸摩擦等不确定性内外部环境因素的影响，给我国经济发展造成一定的影响。

首先，战略层面，为构建全国统一大市场提供了有利的条件；其次，操作层面，由传统的点式、链式松散结构的生产、分配、流通和需求环节，转变为环式结构，重塑了经济循环流转和产业关联流通过程中的要素资源的价值，促进了建设超大规模的国内统一大市场成为一个可持续的历史性过程，以促进经济高质量发展。

三、本章小结

本章首先分析了全国统一大市场的内涵，认为其是规则统一、机制完善、产业耦合、区域协同、流通顺畅的市场；是市场发展到一定程度后出现的一种高级形态，是现代市场体系的重要维度，是市场机制充分发挥作用的有效载体。其次，本章分析了全国统一大市场的逻辑框架，理论逻辑方面，认为通过提升市场的统一性和协同性，可以分别从降低制度性交易成本、促进区域分工深化、推动先进技术扩散、彰显强大市场优势等方面着手，逐步健全市场机制，畅通经济循环；运行逻辑方面，分别从统一大市场建设运行机制、协同、层次的逻辑框架展开分析，以推进加快构建新发展格局，着力推动高质量发展。

第九章 数字经济提振消费的对策建议

数字经济的发展对消费者的心理和认知起到了一定的促进作用，消费方式和消费需求的改变提升了居民的消费水平，推动了居民消费升级。但是居民通过数字经济消费的过程中也存在诸多问题需要解决。本章针对居民在数字经济消费过程中存在的主要问题，分别从加强风险监管，加强数字经济法制建设；完善征信系统，统一信用评级标准；完善基础建设，加强数字经济服务创新；提升金融素养，培养居民健康消费习惯等方面，提出借力数字经济提升居民消费行为的对策建议。

一、加强风险监管，加强数字经济法制建设

为推动数字经济有序发展，政府部门应认清数字经济本质，总结过去的经验和教训，分析数字经济生态链背后的逻辑关系和连锁效应。与此同时，将数字经济的相关机构纳入监管范围，保证其行为规范和稳定发展。相关政府部门还应该建立起整套的监管体系，从头到尾把控数字经济的交易量、借款利率和逾期金额等指标，及时测算各金融机构风险状况，从根源杜绝不法机构违法融资和洗钱行为。数字经济虽然带来了不少自有风险，但也有更大的发展价值，因此政府并没有否定其存在和发展，而是选择以管控和引导的方式进行管控，监管部门应当从数字经济的本身性质出发，深入挖掘其存在的问题并探索解决问题的有效措施，建立应对方针，明确法律法规和监管框架。具体可以从以下几方面入手。

第一，完善信息披露机制，重视行业自律性。现如今的监管体系还未完

善，国家应鼓励并引导行业建立统一的自律组织，提高行业内各平台自律性，促使其业务规范，降低风险。此外，各机构应提高透明度，减少信息不对称现象，使得居民能够更深入了解数字经济所提供的产品和服务。加强对数字经济市场准入管理，明确规定各项标准，但要衡量好标准线，为了数字经济的有序健康发展和创新，不易太低也不易太高。

第二，提升风险管理。为了降低数字经济带来的法律风险、信用风险和技术风险等问题，国家应逐步形成安全有效的信息链，可以利用区块链加密等数字技术，保障居民的个人信息和资金安全，为居民提供安全可靠的数字经济生态圈。

第三，尽快完善数字经济法律建设，严厉打击非法集资、洗钱、诈骗等犯罪行为。政府应把握好创新和规范两方面的度，张弛有度，准确定下犯罪界限和司法力度，深入研究，针对数字经济现有和将来可能出现的风险点提前部署规划，防患于未然。

第四，试点监管沙盒。如今金融和科技的结合越来越紧密，传统金融监管无法完全贴合现下的数字经济运行模式，监管科技以范围广、低成本、智能化的优势深受关注。我国监管沙盒发展还处于初级阶段，应借鉴西方的监管沙盒经验，注重提升区块链、人工智能等科技的开发创新，建立适用于我国金融行情的监管沙盒，试点成功后优化推广。

二、完善征信系统，统一信用评级标准

国家政府和有关金融部门已经拥有了大量的征信数据，里面包含了每个人详细和精确的信用数据，这些数据应得到有效的整理和分析使用。利用政府储备的数据要比金融机构线上线下人工收集借款人信用信息节省很高的成本，但是要想利用这些数据，需要政府和各个金融部门相互协调，因为这些内容涉及了诸多隐私，只有国家出面，并同时制定相关法律法规才能实现征信数据的有效统一。

信用评级是数字经济发展中至为重要的一个环节，合理的信用评级标准能很好地服务借贷双方，有助于降低借贷双方的交易成本。网上借贷业务应建立并使用统一的信用评级标准，统一的评级能够减少单个平台的成本，且

防范了借款人的作弊行为，有效地降低了各借款主体的信用风险。信用评级的建立应该着重从两个内容入手：一是统一评价，并进行相应的信用等级匹配；二是识别借贷双方的行为真实性，建设健全的贷款审核流程，更准确地评估相关主体的风险和能力。

为了使数字经济的网络借贷业务健康稳定发展，政府应该在建立征信机构后同意借贷平台获取最准确的个人信用记录，将借款人在日常的交易过程中的逾期行为和违约信息上传到信用系统中，该信息能很好地补充借款人的现有信用记录，从而使各大借贷平台做出更加精准的信用评级，为消费者提供合适且安全的消费贷款。

三、完善基础建设，加强数字经济服务创新

数字经济对居民的消费有显著促进作用，目前我国多数地区数字经济基础建设还没有实现全面覆盖，数字经济的发展时间不长，且对网络基础设施的依赖性极高，政府应在互联网基础建设和关联行业发展方面持续支持，加快高速网络建设，并在政策上对数字技术相关企业给予一定支持，推进数字经济基础设施发展完善，从而加大居民消费潜力的释放。

数字经济对于不同收入群体和地区的正向促进效应程度不同，商业银行应加快数字化转型的步伐，在数字经济业务方面针对居民需求，不断创新相关软件开发，提高网络经济服务内容质量，更好地为不同群体居民提供便利。从互联网公司和传统金融机构整体来讲，应当从多方面考虑，利用互联网的信息收集与数据分析优势，通过云计算、大数据等技术应用，对不同的群体进行分类和刻画，根据各个群体的实际需求创新数字经济产品与服务，不断优化居民使用体验，为不同居民在支付、贷款、理财等业务上提供更加丰富特定的多元化服务场景。在此方面，政府在监管时也应当有一定的宽松度，在防止盲目扩张发展的情况下为数字经济的产品和服务的发展提供空间。

四、提升金融素养，培养居民健康消费习惯

数据显示，我国居民的储蓄率依旧偏高，这归因于我国居民的传统消费观念。高储蓄率是阻碍数字经济推进民消费的阻碍之一，虽然数字经济的

普惠性使得居民尤其是农村居民比以前更容易获得金融服务，但是居民对金融产品和服务的整体认知程度水平较低，因此加强对居民的金融教育是数字金融持续为居民消费提供活力必不可少的环节。

加强居民金融教育普及除了能转变居民传统的消费观念，使其接受数字经济的使用外，还能促使居民健康地使用数字经济。数字经济最大的优势之一是它的普惠性，随着数字经济的普及度越来越高，使用数字经济的居民群体也日益庞大，数字经济的网上借贷和网上理财业务都对消费者有一定的金融知识和风险把控要求，且加强对居民金融知识科普能够一定程度避免居民出现过度消费现象。针对大学生群体，学校可以定期开放金融公开课，以主题讲座，网络会议等形式为学生普及数字经济相关知识，对于中老年群体，可以以电视、报刊、广播、公益广告等形式进行科普，在日积月累中提高居民的风险防范意识和数字经济产品认知程度，引导居民健康地使用数字经济。

五、本章小结

数字经济对消费者的心理和认知具有积极的促进作用，推动居民消费升级。但是居民通过数字经济消费的过程中也存在诸多问题需要解决。本章针对居民在数字经济消费中存在的主要问题，分别提出了借力数字经济提升居民消费行为的对策建议。

第十章 数字经济促进全国统一大市场建设的对策建议

数字经济具有数据要素化、普惠性、网络效应等特点，将数字经济融合到实体经济中，有助于推动全国统一大市场建设，进而带动我国整体经济高质量发展。本章分别从宏观、中观和微观三个方面，提出数字经济促进全国统一大市场建设的对策建议。

一、宏观层面

(一)地方政府转型发展与经济发展阶段相适应

随着数字经济的快速发展，我国多地政府纷纷加快"数字政府"建设进程，政府的转型发展要与市场一体化建设进程相适应，主要包括以下三个方面。

第一，各地政府在"数字政府"建设过程中制定了诸多的政策措施，建议为地方政府设置负面行为清单，画出市场干预的红线，不仅与数字经济发展相适应，更与我国整体经济发展阶段相适应。同时，地方政府"一把手"在转型发展的过程中，要对妨碍全国统一大市场建设的行为负全部责任。

第二，从上至下改变对地方政府官员的考核结构，在核心指标中增加经济发展指标与经济发展效率指标的权重。尤其是在数字经济快速发展的当前，数字经济进一步提升了地方政府在经济调节、市场监管、社会治理等领域的履职能力，形成了"用数据对话、用数据决策、用数据服务、用数据创新"的现代化治理模式。因此，在各地经济正在经历数字化变革发展的当下，规范政府官员行为，利用数字经济优势，建立有效的地方政府官员考核措施，有助于建立高质量的地方经济发展准则，也有助于推进全国统一大市场建设。

第三，进一步推进财税制度改革，除了进行纵向的分配制度调整以解决事权与财权不对称之外，还要着力建立起横向的财政资金调整与再分配机制，实现跨区域的二次分配与利益补偿。数字经济的发展，重塑了地方政府的政务信息化管理架构、业务架构和技术架构等。在地方政府的财税制度改革过程中，建议有效利用数字技术，通过构建大数据驱动的政务新机制、新平台、新渠道等，逐步畅通地方政府的信息共享与数据共享进程，不断打破地方政府为了争抢企业、项目而展开的盲目竞争，逐渐实现跨区域的二次分配与利益补偿，进而为全国统一大市场建设提供畅通的"进入"与"退出"环境，推进全国统一大市场建设。

因此，在数字经济发展的当下，推进全国统一大市场建设，可以借助数字经济的发展红利，按照省内一体化、省域周边区域一体化、全国一体化的思路逐步开展，优先围绕公共属性强、市场需求迫切的要素，在全国范围内首先形成统一市场。

（二）完善市场竞争机制与调整产业政策

一方面，数字经济的迅猛发展，有助于加速各地区之间的联系与沟通，有利于实现市场的数据共享、信息互通。统一的市场竞争规则是市场一体化的重要前提，这能让各级地方政府减少干预市场的行为，形成公平竞争的市场环境。企业主体是产业政策实施的落脚点，各级政府可以有效利用数字经济发展的优势，以公平竞争的产业政策为蓝本，借助数字技术等条件，推进国有企业的体制改革与市场化改革，放弃对国有企业在事前、事中的保护性行为，减少行政垄断对各市场参与主体的影响，进而打破地方保护壁垒，有助于推进全国统一大市场建设。

另一方面，产业政策调整的核心是将以提高增长率为目标转向以提升核心竞争力为目标。各级地方政府可以抓住数字经济发展的契机，利用数字技术，有效协调各类要素资源，提升国内市场产业链价值，打造国际产业链中的"链长"作为产业政策转型的突破口，由过去与发达国家产业链中核心企业竞争低附加值订单的模式，转变为以国内市场完整的产业链、产业集群，来吸引全球相关产业链和集群加入的模式，为推进全国统一大市场建设提供动力。

（三）跨区域合作与制度整合

跨区域合作要注重实际发展中的可操作性。目前，我国东西部地区除部分区域外，大部分区域仍存在较大的发展差距。因此，除了推动区域间的协调发展外，重点城市群的建设和协同发展也是促进地区一体化的现实手段。数字经济的发展，可以不断推动地区之间的数据共享与信息互通进程。对于有条件的重点城市群，可以借助数字技术发展的契机，加快城市之间的信息互通与数据共享等联系，建立战略统筹发展与城市间发展利益补偿机制，并努力实现公共服务领域的制度一体化、条件一体化、水平一体化，为推进全国统一大市场提供有利的发展环境。

二、中观层面

（一）持续扩大市场规模

在数字经济发展的背景下，借助数字经济发展优势，实现我国市场规模的持续扩大，主要从以下三个方面发力。

第一，全产业领域提升生产效率。各级政府要激励企业主体提高生产积极性，利用数字技术发展优势，逐步推进技术创新与管理创新，拉动生产率，从而使生产率的增长始终领先于平均工资水平的增长水平。在 M2 水平稳定的情况下，实现生产水平、收入水平、消费水平的同比例提升，扩大全国统一大市场的内在消费需求。

第二，产业链的进一步优化与调整。数字技术的逐步推广应用，为企业降低成本提供了可能性。建议应用数字技术优势，从生产端的整合中进一步降低企业生产成本，使产品整体销售规模获得提升。同时，对于信息资本、知识产权、技术资本等无形资本要有充分的认定手段和价值评估方法，使其能和有形资本一样同等参与剩余价值的分配，全面刺激各类生产要素参与到价值创造的过程中，实现市场规模的扩大，进而推进全国统一大市场建设。

第三，做好生产阶段各级要素的分配。借助数字技术的不断发展，信息互联、互通的高效性与普惠性等优势，逐步降低二次分配（税收征收、转移支付）中的隐性成本以及道德风险，从源头上提升企业主体创造价值的动力，为推进全国统一大市场建设助力。

(二)持续完善市场结构

第一，要进一步推进国有控股企业的现代企业制度及法人治理结构改革，让国有企业主体能根据市场环境自主进行生产决策、投资决策。数字经济发展过程中，各地区、各领域之间的沟通联系越发畅通，借助数字技术优势，可以逐步取消对地方国有企业不恰当的市场激励及市场保护措施，从而促进不同所有制企业主体平等参与竞争，为推进全国统一大市场建设提供良好的发展环境。

第二，在以"内循环"为主的产业链结构中，利用数字技术的信息互联优势，逐步带动国内市场形成以产业链集群参与国际竞争的新业态，引导和培育产业链集群中的"链长"企业，帮助"链长"企业协调市场中各类生产要素，提升其引领产业链中其他成员发展的能力，逐步推进全国统一大市场建设。

第三，对于大数据信息等新兴生产要素，要切实推进数据要素的无障碍流通、共享以及数据安全的保护，充分挖掘大数据对市场结构的完善与赋能作用，提升市场信息化水平，进而为推进全国统一大市场建设打下基础。

(三)持续规范市场功能

市场功能的规范在于有的放矢地选择政府参与市场的角度。通过充分市场竞争优化市场功能，政府要减少参与度，让各企业主体完全参与市场竞争，自身扮演好协调资源、共享信息以及保障其他市场环境的角色。对于存在较大外部性以及自由竞争可能会对国计民生产生不利影响的领域，如医疗、基础教育、保障房、重大科研难题公关、金融数据采集与使用等，政府要强化自身参与，用看得见的手保障上述领域正常运转，不至于因为重大突发事件造成大幅度市场波动，保证对全体公民的基本供给。

(四)持续优化市场环境

持续优化市场环境，主要是抓住数字经济发展优势，通过大力发展现代服务业，降低企业的制度性交易成本及非制度性交易成本。一方面，现代服务业中的物流网络建设，如高铁、5G通信等能有效降低企业的交易成本，现代服务业对市场成本的敏感性使其能在第一时间对市场制度变化、政策变化作出反应，这将促使各级政府及时调整发展思路，吸引现代服务业入驻，以助力实体行业的发展。另一方面，现代服务业普遍为轻资产行业，但其在人力资本、知识资本、信息资本上的巨大投入，往往能使其在产业链中创造最大的市场与社会价值，带动资金进入实体产业的各个领域，形成差异化竞争的商业模式，提升整体产业的"黏性"及附加值，在全球分工中占据一定优势，进一步释放本土市场的增长潜能，助力全国统一大市场建设。

三、微观层面

新冠疫情与中美贸易摩擦的持续必将造成全球化的萎缩，这将带来全球产业链的向内重组与向内分工，形成以国内或者区域市场为主的产业聚集群，并以此重新参与国际市场竞争。数字经济发展背景下，产业聚集群通过形成网络状的产业链，能够不断吸引国内市场中相关产业的企业加入，逐渐形成设计、制造、销售、运输、后期服务为一体的稳固体系，有效抵御国际国内市场变动所带来的风险。

（一）产业链招商层面

对于产业链的招商，需要借助数字技术，对相关行业的关联性与互补性进行深入研究，在有效物流空间范围内，配套相关产业企业，从而打造规模经济，降低交易成本。一方面，要对产业链的现状、定位、未来发展方向进行梳理，列明产业链中重点企业特别是"链长"企业名录，明确招商过程中的重点，突出一站式服务能力，通过对重点企业的引入形成对上下游及关联企业的整体引入，提升招商效率。另一方面，要抓好"链长"引入后一系列后续配套措施的落地。要与"链长"密切配合，从企业需求的视角进一步优化营商环境，形成基于产业集群的低成本、高效率的服务平台，从技术、人才、资本各方面充实并扩大产业群。

（二）产业集群创新升级层面

产业集群创新升级，需要政府层面通过有效的政策加以支持和引导，提升企业自主创新动力与能力。

第一，改革政府创新经费的投入与管理模式。建议政府相关部门通过对经费管理部门的放权与提升容错比，解决在前沿技术早期研发时的资金瓶颈，在相关技术进入市场认可阶段时，将前期投入转化为项目股权，并最终通过市场化方式退出。

第二，鼓励产业集群提升自主"造血"能力，鼓励社会资本加大对创业升级的投入。数字经济发展背景下，政府要借助信息技术发展优势，加强与商业银行、券商、投资基金的合作，通过政府引导基金等方式，以小资金撬动社会高杠杆，吸引外部投资的进入。

第三，加大对产业链研发成果的转移支付力度。数字经济发展过程中，技术创新所带来的产业升级及正外部效应必然会输出到相关产业和其他区域，提升整个大市场的市场规模与消费规模。因此，对于参与研发企业所承担的风险，仅进行知识产权保护远远不够，同时也需要协调产业利益和区域利益，保护产业集群创新的积极性。

(三)加强海内外电商平台合作

产业集群的发展最终将由内循环带动国内国际双循环。因此，要充分发挥我国产业链集群对亚太区域海外物流的控制能力，利用好京东、淘宝等大型电商平台，通过便捷的跨国网络交易，形成国内产业链产品对外的便捷输出渠道，提升产业链价值。

总之，数字经济发展背景下，建立全国统一大市场需要深刻理解新经济格局带来的市场变化。同时，市场各主管部门要进一步提升对不同市场主体的服务意识，加强服务能力，从而形成各司其职、共建共赢的良好局面。

四、本章小结

本章提出了通过数字经济助推全国统一大市场的对策建议，宏观层面，建议政府转型发展与经济发展阶段相适应、完善市场竞争机制与调整产业政策、跨区域合作与制度整合等；中观层面，建议持续扩大市场规模、持续完善市场结构、持续规范市场功能、持续优化市场环境等；微观层面，建议深入开展产业链招商、产业集群创新升级、加强海内外电商平台合作等。

参考文献

[1]约翰·梅纳德·凯恩斯. 就业利息和货币通论[M]. 北京：中国社会科学出版社，2009.

[2]高鸿业. 西方经济学（宏观部分）第五版[M]. 北京：中国人民大学出版社，2010.

[3]Modigliani F. Life Cycle，Individual Thrift and the Wealth of Nations[J]. Nobel Prize in Economics documents，1985，234(4777)：704-712.

[4]Friedman M. Theory of the Consumption Function[M]. New York：National Bureau of Economic Research，1957.

[5]Fisher M R. Exploration in Saving Behavior[J]. Oxford Bulletin of Economics and Statistics，1956，18(3)：201-277.

[6] Zeldes S. Consumption and Liquidity Constraints：An Empirical Investigation[J]. Journal of Political Economy，1989，97(2)：305-346.

[7]Kahneman，Daniel and Amos Tversky. Prospect Theory：An Analysis of Decision under Risk[J]. Econometrica，1979，47(2)，263-292.

[8]凌炼. 消费金融对我国城镇居民消费行为的影响研究[D]. 长沙：湖南大学，2016.

[9] Kahneman Daniel，Amos Tversky. Prospect theory：An analysis of decision under risk[M]. Econometrica，1979(47)：263-291.

[10]Stiglitz E J. The Role of the State in Financial Markets[J]. World Bank Economic Review，1993(7)：19.

[11]臧旭恒，张欣. 中国家庭资产配置与异质性消费者行为分析[J]. 经济研究，2018，53(03)：21-34.

[12]吉林：提速的 5G 建设仍需政策加力排难[EB/OL]. https：//finance. sina. com. cn/jjxw/2020-12-16/doc-iiznctke6822907. shtml

[13]吉林省 2016 年国民经济和社会发展统计公报［R］. 吉林省统计局，2017.3.23.

[14]吉林省 2020 年国民经济和社会发展统计公报［R］. 吉林省统计局，2021.4.12.

[15]农村金融数字化转型助力乡村振兴［EB/OL］. https：//www. jljrkg. com/html/1/59/68/1383. html

[16]王守义. 数据要素价值化、实体企业数字化转型与全国统一大市场构建［J］. 思想战线，2023，49(05)：149-157.

[17]金观平. 以点带面建设全国统一大市场[N]. 经济日报，2023-09-13(001).

[18]程雪军，尹振涛. 全国统一大市场下的金融科技创新与监管体系重构[J]. 经济问题，2023(09)：1-10＋76.

[19]王国明. 当好加快推进全国统一大市场建设的维护者[N]. 中国市场监管报，2023-08-04(004).

[20]刘志彪. 全国统一大市场：统什么、怎么统？［N］. 人民政协报，2023-08-24(003).

[21]张守文. 全国统一大市场的基础制度及其构建[J]. 北京大学学报(哲学社会科学版)，2023，60(04)：127-138.